高校辅导员工作专业化的反思与建设

戚磊◎著

吉林出版集团股份有限公司
全国百佳图书出版单位

图书在版编目（CIP）数据

高校辅导员工作专业化的反思与建设／戚磊著. --
长春：吉林出版集团股份有限公司，2021.6
　　ISBN 978-7-5581-9997-4

　　Ⅰ．①高… Ⅱ．①戚… Ⅲ．①高等学校－辅导员－工
作－研究 Ⅳ．①G645.1

中国版本图书馆 CIP 数据核字（2021）第 149566 号

高校辅导员工作专业化的反思与建设

GAOXIAO FUDAOYUAN GONGZUO ZHUANYE HUA DE FANSI YU JIANSHE

著　　者：戚　磊
责任编辑：金佳音
开　　本：787mm×1092mm　1/16
字　　数：223 千字
印　　张：12.5
版　　次：2022 年 1 月第 1 版
印　　次：2022 年 1 月第 1 次印刷

出　　版：吉林出版集团股份有限公司
发　　行：吉林出版集团股份有限公司
地　　址：吉林省长春市福祉大路 5788 号
邮　　编：130000
电　　话：0431-81629968
印　　刷：长春市昌信电脑图文制作有限公司

ISBN 978-7-5581-9997-4　　　　　　定价：68.00 元

前　言

　　高等教育改革的推进，将辅导员置于风口浪尖，带来辅导员不同工作定向和不同发展角度的思考。所以学界对高校辅导员专业发展问题的研究一直呈现"多且杂"的局面。从历史研究来看，高校辅导员这个研究领域没有自己独立的专门的本体化理论作为研究基础，都是将思路放在辅导员是教师这个框架进行的。而教师作为一个专业，是发展的。因此，对辅导员专业发展的论说，首先要厘清教师专业发展研究。

　　中国高校设立辅导员制度最初是以思想改造为目的的，其角色是政治性的，负责"思想政治教育工作"，可以说这是中国大学的一个特色。客观上，辅导员在中国高校的历史发展中也发挥了不可替代的作用。随着高等教育的改革、发展和进步，辅导员队伍在育人的过程中出现了群体的不适应，甚至陷入发展困境。以往的高校中的传统单一工作已经与现代高校要求的全面育人不相符，因此，这种实际与需求不相符的问题需要解决，这不仅是目前高校辅导员群体发自工作的诉求，更是高校、社会乃至国家共同的愿景。辅导员是离大学生最"近"的老师，要使其工作发展成为集教育、管理和服务的角色于一身，成为大学生健康成长和全面发展的"指导者和引路人"，根本办法是还原辅导员的教育性，从专业发展的思路来解决问题。

　　基于此，本书主要分为六个章节。第一章为我国高校辅导员制度的发展历程，分别对高校辅导员制度的设立与定位、高校辅导员制度的历史变迁与优化、高校辅导员制度的发展对辅导员职业化的启示进行研究与阐述；第二章为高校辅导员工作现状研究与问题分析，分别对高校辅导员工作现状及存在问题、高校辅导员工作现状的改进、高校辅导员培养措施进行了阐述；第三章为中西方高校辅导员工作差异，以中西方高校辅导员工作案例对比分析为出发点，对中西方高校辅导员工作理论与实践、中西方高校辅导员工作特征及启示进行研究与分析；第四章为高校辅导员职业能力结构体系，本章对高校辅导员职业能力概述、新时代高校辅导员职业能力提升的必要性、高校辅导员职业能力提升的现状与问题分析、高校辅导员职业能力提升的路径探析进行分析与阐述；第五章为高校辅导员工作内容的专业化，分别对高校辅导员工作内容的专业化、辅导员工作内容的构成、辅导员专业化的发展的途径、高校辅导员专业化的标准与保障进行研究与阐述；第六章为高校辅导员工作模式的制度优化与推进策略，依次对高校辅导员工作模式所存在的问题、高校辅导员工作模式创新的必然性、高校辅导员工作模式创新的基本设计、高校辅导员工作模式优化的过程与策略展开研究。

在撰写本书的过程中，作者曾遇到诸多困难，为了解决这些问题，并提高本书的质量，作者特意请教了多位专家学者，并得到了多方的鼓励和帮助，在此表示真诚的感谢。然而限于作者个人知识储备及写作水平，书中难免有不尽人意之处。希望本书的出版能够为辅导员工作和学习带来些许帮助。同时，恳请广大读者能够对本书进行批评和指正，作者将会积极听取各方的意见和建议，不断对本书进行修改和完善。

作者
2021 年 5 月

目 录

第一章 我国高校辅导员制度的发展历程

高校辅导员是我国高校教学中比较特殊的教育管理机制，建立在政治性、历史性、现实性的基础上，并与相关政策文件和新时代高校辅导员制度的具体实践相结合，得出高校辅导员制度的基本内涵是国家为了保证高校的社会主义办学方向，维护高校安全稳定，结合开展大学生思想政治工作的实际需求，以《高等教育法》❶和有关法律法规为依据，制定实施的一系列规则、方法、条例、制度。高校辅导员的制度主要作用于国家层面的教育单位和高校内的辅导员，制度是建立学生优良品德的基础，而制度最根本的特点是阶级性、政治性、科学性和实践性。

第一节 高校辅导员制度的设立与定位

一、高校辅导员制度概述

在我国高校执行思政工作和教学管理等工作制度就是高校辅导员制度，其主要特点是政治性和实践性。其中高校辅导员的制度内在的定义必须建立在历史情境与现实语境当中。在改革开放的历史长河中，高校辅导员制度自始至终都秉承相关政策文件，高校辅导员制度是国家从保证高校社会主义办学方向的角度，维护高校稳定的需要和开展大学生思想政治教育的需要，以《高等教育法》和相关的法律法规作为凭据，而制定实施的

---

❶ 《中华人民共和国高等教育法》. 全国人民代表大会常务委员会.

一系列规范性文件的总和。所有的教育制度都会有指定执行的体系与部门，也有确定的制度实施操控的主体。高校辅导员制度配备了相应的辅导员学习的部门，辅导员学习部门中涵盖了所有的辅导员工作所需的理论知识与工作制度。在实践的层面来看，其中含有高校辅导员实践工作制度、高校辅导员配备与选聘制度、高校辅导员的发展与培养制度、高校辅导员管理与考核制度等。高校辅导员制度的作用在以下三方面展现：

第一方面，是要教育出身心各方面综合能力健全的社会主义建设者与继承者，秉承树德的宗旨保驾护航。

第二方面，是保持高等院校的稳定性，并提升对校内的学生科学化的管理的水准，确保高校学生的安全性与稳定性。

第三方面，推动了高校辅导员的创建，并提升辅导员队伍的综合素养，在制度的规划上确保了辅导员队伍的专业化、职业化、专家化的有效发展。

（一）高校辅导员制度的内涵

制度一般是指为了使每个人都遵守而制定的程序规则或行动规则，也专门代指在某些历史条件下形成的政治、经济和文化制度等。高校辅导员制度的主体是国家层面的教育部门和各高校及高校辅导员群体。国家层面的教育部门是高校辅导员制度的绝对主体。我国教育部门根据《高等教育法》与相关法律法规，制定一套有关高校辅导员制度的规章制度。从1951年起，伴随着我国经济的发展与时代的变迁，我国持续颁布了有关高校辅导员制度的相关文件、政策、规定等。我国高等院校遵循了国家教育部门的规章制度，增加学校各个方面的辅导员制度的实施能力，对学校层面的各项辅导员制度要求加以具体执行和落实。而高校辅导员则是按照辅导员制度具体规范，承担起大学生思想政治工作。

高校辅导员制度具有政治性、阶级性、科学性与实践性。为了大学生的思想政治教育，我国制定了相应的高校辅导员制度，而高校辅导员制度是党的思想政治教育制度中重要的组成部分。高校辅导员制度作为中国特有的政治制度，具有鲜明的阶级性和政治性，始终坚持中国共产党的领导，始终坚持为无产阶级服务，始终坚持社会主义办学方向。而作为我国特有的教育制度来说，高校辅导员政治制度具有科学性与实践性的特点。

在不断完善与发展高校辅导员制度的过程中，也增强与优化顶层设计，因此增强高校辅导员制度的可实践性与指导性。

（二）高校辅导员制度的内容

经过多年发展，高校辅导员制度在实践内容上更加丰富，也更加完善。作为教育制度中重要的一项，高校辅导员政治制度中包括明确的制度执行主体和配套的辅导员发展培训机构等。而作为一项具体制度，高校辅导员制度则包含一系列关于辅导员工作及辅导员发展的系列工作制度。

高校辅导员制度包含大到国家、小到地方等多级组织管理系统。高校辅导员制度从党与国家角度出发，制定了相关的法律法规，它构成了高校辅导员制度中最核心以及最根本的内容基础。伴随历史发展过程，高校辅导员制度内容也随着党和国家工作目标、政策导向的变化等随之进行调整。具体而言，高校辅导员制度的组织管理体系包含三个阶层：

第一阶层，是通过教育部门从宏观上分析教育管理高校辅导员制度的制定、实施、监督、管理等。例如负责我国高校辅导员制度执行的情况的检测与全国高校辅导员人员信息统计，全国高校辅导员年度人员评选等工作。

第二阶层，是通过各个省市级的教育部门与国家政策相结合的要求，对本省和各个高校辅导员制度的准确落实情况进行勘测与监督。

第三阶层，是各地区各所高校，各地区高校则是贯彻与落实高校辅导员制度的基础执行部门。其作用是完善高校辅导员制度，而地方性高校中辅导员的相关规定也是对高校辅导员制度的拓展。高校辅导员具体工作制度在不同时期制度的内容也会有一定的不同，所以在研究高校辅导员制度的内容时不但要对历史性进行研究，也要结合当下的实际情况进行探讨。目前我国高校辅导员，制度实施的具体内容主要分为四点：

第一，高校辅导员实践工作制度。爱国、敬业、守法、遵重学生、以人为本、不断学习是对辅导员提出的基本要求。而辅导员作为教师群体中的一员，还需要遵守教师的职业守则：关爱学生、以学生为中心，正确引导学生成长、掌握学生成长规律，持续提升学生的思想道德水平、政治觉悟、品德素养、文化涵养，对于新时期社会赋予的责任和国家赋予的时代任务有清晰的认识，能够正确认识到中国与国际的对比，培养学生树立远大的理想和伟大的抱负，成为德才兼备的综合型高素质人才。在学生成长的过程中，辅导员则是负责引导学生树立正确的思想道德观念、管理学生日常事务、关注学生心理健康、开展网络思想政治教育、应对校园危机等工作。

第二，辅导员工作的配备与选聘制度。其中包含辅导员的配备基础原则、人员配置的比例要求、辅导员聘用条件、选聘工作的相关单位与选聘时应有的步骤与程序等工作内容。

第三，辅导员的前进与发展制度。其中包括有相应的保障机制、晋升制度、辅导员的三级培训制度和优秀辅导员的培养制度等。

第四，辅导员管理与考核制度，即在高校辅导员的管理上实行校院双重管理的制度，制定高校辅导员考核的具体方案，以及对优秀的辅导员进行奖励表彰等。

（三）高校辅导员制度的作用

在中国特色社会主义背景下，高等院校的辅导员制度是相当重要的组织与构成，也是我国教育管理制度中的其中一种，具有强烈的阶级性与政治性，也是社会主义中特有的一种政治制度。与此同时，高校辅导员制度也是高校辅导员必须要遵循的基本制度。它对辅导员工作的基本内容做了说明，对辅导员队伍建设提出了具体的要求，又为高校辅导员队伍的发展提供了政策和制度保障。高校辅导员制度的主要作用体现为以下三点：

1. 培养德智体美劳全面发展的社会主义建设者和接班人

中国的高校辅导员制度是秉承社会主义办学的基础方向的诠释，也是高等教学领域中对高校学生思想发展重要的基本制度。在培养德智体美劳全面发展的社会主义建设者和继承者基础上，也确保了高校科学育人的最终目标的实现。通过长时间的实践，我国高校的辅导员制度适用于我国建设和改革发展特色社会主义中的办学观点。高校辅导员制度自设立以来，始终坚持围绕不同时期党和国家的建设目标，培养党和国家需要的人才。在此思想指导下，高校辅导员工作能力显著提高，高校思想政治工作水平极大加强，为我国社会主义事业做了突出贡献。改革开放以来，高校辅导员制度从围绕有理想、有道德、有文化、有纪律的"四有新人"到"德智体美劳全面发展的社会主义建设者和接班人"，通过更新完善制度内容体系，为党和国家培养和输送了大批思想坚定的优秀人才。

2. 维护高等学校的和谐稳定

我国高校辅导员制度的制定与执行，不仅让我国高等院校有一支专业的辅导员队伍，也让我国的思想政治教育实施在教育的最前端，确保高校能够顺利实施高校学生日常生活中的思想政治培养，维护了大学生管理工作的顺利进行，为维护高校的和谐稳定提供了基础保障作用。高校辅导员制度对于提升校园内的科学化管理水平有着重要的作用，由辅导员专门负责对学生进行管理，有助于舒缓学校管理学生的压力。而且可以及时全面了解学生的思想动态与愿望诉求，这将有助于提高高校学生管理决策科学性与管理针对性。高校辅导员制度有助于保障高校学生安全稳定，从学生踏进大学校门起，到毕业离校，高校辅导员都要保障在校期间内的生活与学习，并且提供相应的帮助指导。

首先，高校辅导员制度规定了高校辅导员该如何针对学生的日常进行思想政治教育，与此同时，对辅导员的工作目标与条件都做了具体的讲解，制定了相应的辅导员制度与工作的目标。其中对学生开展思想理论教育工作和价值引领工作，还要加强学生日常事务的管理，做好党团及班级的建设工作，要对学生开展心理健康教育的工作，开展学风建设工作；要对学生进行网络思想政治教育；要做好校园突发的危机事件的应对和处理工作；要对学生开展职业规划指导教育，对学生进行就业创业教育等。

其次，此制度的制定对于辅导员的配置比例提出了要求，确保了选聘辅导员的进行，也保证了高质量的高校辅导员工作，在教学上能有良好的工作状态。

最后，为了能有更好的思政工作效果，高校辅导员制度的制定，对高校辅导员的考核管理机制与保障机制都有很高的要求。例如，制度规定对高校辅导员实行院校两级的双重管理制度，构成校级以至于省级、国家级的表彰系统，以上相关规定不仅对高校辅导员的工作进行了检查，与此同时还能激励高校辅导员的工作情感。这样不仅能提高高校学生的思想政治教育，也能促进高校辅导员工作的顺利开展，能够更好地实现高校教育制度的稳定与发展。

3. 促进辅导员队伍专业化和职业化

高校辅导员是我国高校辅导员制度的执行本体，在校园内辅导员队伍

5

实现高素质水平化工作，对于辅导员制度的制定有着十分高的要求。一支具有专业化高素质的辅导员队伍，能够大大提升高校学生的综合素质，为学生的发展提供着重要的支点。高校辅导员制度也能够推动高校辅导员的发展，提高辅导员队伍素质与能力，能够为高校辅导员队伍建设迈向专业化、职业化和专家化道路提供路径和支持。高校辅导员制度目前已形成了三级组织管理体系，能够为高校辅导员队伍提供向上发展的通道与多平台。多层次的平台为高校辅导员队伍提供了更宽广的施展舞台。改革开放以后，高校辅导员制度实行了40余年，在不断地前进与发展，构成了系统性、科学性的高校辅导员制度体系。对改革开放以来高校辅导员制度的历史考察，从时间上梳理改革开放以来党和国家出台的关于高校辅导员制度的重要文件，从国家层面考察高校辅导员制度的历史发展进程。

高校辅导员制度在我国革命建设时期不断前进，并为高校配备专业的政治性辅导员，为高校辅导员工作制定了明确的方向，也明确了工作性质，对高校辅导员的编制待遇及队伍组成有了深刻的认识。高校辅导员制度在全国高校大范围内推广和实行。1966—1976年，我国高校思想政治教育工作严重停滞，高校辅导员制度也经历了严重损坏。

二、高校辅导员优化

（一）高校辅导员制度初步恢复

党的十一届三中全会到党的十二大前是高校辅导员制度初步恢复阶段。此阶段重新恢复和确立政治辅导员制度，并基本确立了高校辅导员制度的组织体系，在教育部设立相应工作机构，各校党委设立学生政治思想工作机构并向上级党委汇报工作情况，各院系设立政治辅导员和班主任等。依据教育部门对高校辅导员工作的计划，各高校应加强对高校学生的思想政治培养，要具体问题具体分析，安排相应的工作人员和教师，以及让更多的青年教师加入政治辅导的工作，挑选出更加优秀的毕业生留校担任辅导员，这样才能组建出更加专业的高校辅导员队伍。

1. 恢复重建政治部辅导员队伍

政治辅导员队伍，由党政干部、政治理论课教师和其他青年教师这三部分组成，这三种工作人员都具备很高的政治工作的经验积累，也具备较高的辅导员的基本要求。想要做好思想政治工作，必须要加强教师的专业知识积累、增进教师与学生之间的关系、增强学生坚韧不拔的品质、构建社会主义的精神、革命传统的教育与毕业生政治思想鉴定，等等，这些是政治辅导员需承担和完成的工作任务。此外，政治辅导员还要进行业务学习，基于此，提出可以对政治辅导员人员进行适当的轮换。该通知的发布，说明高校辅导员制度在1976年之后得到了调整，重新开始发挥作用和效力了。

2. 明确政治辅导员要求和发展方向

在十一届三中全会后，各高校之间展开了激烈的讨论，各高校也对高校学生展开了多层次的思想教育，成功地提升了高校学生的思想政治觉悟，对实际的思想政治教育工作有良好的帮助。但是，有一部分学生的政治思想较为薄弱，没有办法适应当时的思政教育任务。那么，就必须采取相应的措施，让每一位学生都能接受良好的思政教育。

在1980年教育部、共青团中央印发了《关于加强高等学校学生思想政治工作的意见》，明确了政治辅导员的基本要求、人员构成、工作轮换制度、身份定位和晋升发展方向等。明确政治辅导员身份定位，规范政治辅导员选拔条件和选拔范围，有助于提高政治辅导员队伍稳定性。关于高校政治辅导员身份定位问题，《意见》明确了高校政治辅导员的双重身份：第一重身份是学生政治工作干部的身份，也是党的政治队伍中的一员；第二重身份就是高校教师，教师是高校师资队伍中的一员，在选聘辅导员，要优先选择思想政治成绩和业务能力强的毕业生或教师。辅导员不仅是学生思想政治教育的实施者，更负责学生专业学科任务的监督职责，同时还负责一部分的教学任务。而学校领导要做的是从学生思想与生活方面关注，尽最大的能力帮助学生完成学业任务与就业计划。而且要通过考察与考核来判定政治工作干部的思想政治的好与坏，并设有相关的晋升体系，这也是保证高校辅导员工作稳定的条件。

《意见》明确政治辅导员的发展有两大要素：首先，是对政治辅导员工作内容的考核与监测，并确立晋升的条件，也要将政治辅导员与政治工作者的思想相结合。第二，对政治辅导员工作岗位轮换的细节做了说明，轮换的条件是在辅导员岗位工作几年时间之后可以进行轮换。轮换的方式是给予其一定的脱产进修时间，时间范围是半年至一年之间。对于高校政治辅导员的提升与发展相关的问题，《意见》也制定了相应的计划，首先要确保政治辅导员的物质待遇，要统一相应的教学任务，以此作为教师职称评定的关键，而仅负责思想政治教育工作的政治辅导员，也要按照管理层干部的标准进行评测，并保障其工资待遇与其他政治工作者待遇一致。

（二）高校辅导员制度基本健全

党的十二大到党的十四大前是高校辅导员制度的基本健全阶段。此阶段主要通过一系列的顶层设计，奠定了高校辅导员制度具体内容与框架基础。在这一时期，党和国家提出了建设社会主义精神文明的目标，强调要"适应社会主义现代化建设的需要，培养有理想、有道德、有文化、有纪律的社会主义公民，提高整个中华民族的思想道德素质和科学文化素质。"高校辅导员制度以教育体制改革为契机，围绕培养"四有新人"人才，以队伍建设为着力点，通过开办思想政治教育专业学位班等方式，以建设一支精干有力的工作队伍为目标，选送优秀政治辅导员修读思想政治教育专业，也让高校辅导员制度的内容体系变得更加的清楚和明晰。专职政治辅导员培训也逐步实现专业化和制度化，实施专职人员聘任教师职务制度，打造精干的专职政治辅导员队伍。

1. 增强高校辅导员工作吸引力

为了适应高校思想政治工作现实需求，增强高校辅导员工作吸引力，建设一支精干有力的工作队伍，1984年11月中共中央宣传部. 教育部印发了《关于加强高等学校思想政治工作队伍建设的意见》（以下简称《意见》），通过一系列增强高校辅导员工作吸引力的方式，大力动员专任教师加入工作队伍，选拔优秀高年级大学生和研究生担任兼职辅导员。

一方面，建设精干有力的工作队伍。《意见》提出通过选留高校优秀毕业生担任思想政治工作教师列入毕业生分配计划，可以保证选留一批优秀的毕业生加入专职工作队伍。选拔优秀学生担任兼职政治辅导员，而学生兼职政治辅导员的工作年限一般要以两年为限，学习时间一般在原学制基础上可以适当延长一年，并发放兼职工作补贴。这一规定的出台为高年级大学生政治辅导员和研究生政治辅导员半学习半工作提供了物质保障。实施思想政治工作人员更新计划，有目的地引导学生思想政治工作人员承

第一章　我国高校辅导员制度的发展历程

担科研教学工作，为专职人员发展提供了方向。

另一方面，提出了高校政治辅导员表彰制度和退出机制。《意见》提出了高校政治辅导员表彰制度的基本框架，通过授予荣誉称号和破格提拔等方式，对优秀的思想政治工作者进行表彰。表彰制度的出台为政治辅导员营造了良好的工作氛围，也能提高其工作热情和荣誉感与自豪感。

2. 高校辅导员制度内容体系化

1985 年 5 月，《中共中央关于教育体制改革的决定》出台，对高校辅导员制度的内容进行专门设计和系统安排。强调"在教育体制改革中，必须紧紧地依靠教师，认真听取他们的意见，充分发挥他们的作用"。为提高高校政治辅导员数量和素质，调动其积极性，保证高校思想政治工作的正常开展，1986 年，《关于加强高等学校思想政治工作的决定》（以下简称《决定》）出台。《决定》对高校辅导员工作的基本出发点、教育的内容和方法、工作的方式和内容、具体地位、工作待遇等做了设计和安排，要求政治辅导员和班主任应该要迅速配备齐全。另外，指出要进行长远考虑的规划，要加大培养力度，造就思想政治教育的专家学者。"思想政治工作是经济工作和其他工作的有力保证。要努力适应新时期的需要，开创思想政治工作的新路子"为了发挥兼职政治辅导员的积极作用，1986 年，《关于高等学校学生思想政治工作兼职人员若干问题的规定》（以下简称《规定》）实施，对兼职政治辅导员选拔的标准做了明确规定，对兼职政治辅导员的发展路径做了规划。对兼职政治辅导员的待遇标准做了政策保障。这次制度的出台，专门为兼职政治辅导员提供了详细的、有据可查的待遇保障。关于选拔标准，要求品学兼优，突出强调政治品质、理论水平及组织能力；关于发展路径，可以在职攻读硕士研究生和参加个别考试攻读硕士学位：关于待遇保障，核对了兼职人员的工作量和工资计算标准，等等。

1987 年 5 月党和国家从建设具有中国特色的社会主义的战略高度提出《关于改进和加强高等学校思想政治工作的决定》（以下简称《决定》）实施并完善教师职务责任制度。。《决定》的提出明确指出高校要根据中国特色社会主义为办学的核心方向，并且对专职培养学生思想政治教育的教师进行了明确，其不仅要求高校要培养专职思想政治教育的研究生，还要为这些专职人才创造有利的学习环境，让他们能够更进一步对专业进行更

9

加深入的研究，最终培养出既能够从事专职思想政治教育，又能够深入研究思想政治教育的高素质人才。基于此，1986 年《高等学校教师职务试行条例》出台，明确了专职人员可以申请聘任助教岗位、聘任讲师岗位、聘任副教授岗位、聘任教授岗位等多级职务，每一级职务的任职条件和基本原则都有详细要求，规定了聘任教师职务的最低学历标准和职务评定工作的评定组织机构等。结合教师聘任职务工作的经验和存在的问题，1989 年国家教委提出了《关于高等学校学生思想教育教师职务评聘工作几个问题的意见》（以下简称《意见》。这次《意见》提出了要把高校思想教育教师的职务评聘工作转到学校教师管理队伍中来，应该和其他教师的职务评定工作同时开展，而且要将其作为一项常态化的工作。并就其教师编制指标、教师职务评聘审定权限、教师待遇等问题做了说明，这保障了思想教育教师评聘工作常态化开展，是对教师职务聘任制度的完善。

（三）高校辅导员制度改进优化

党的十四大是在到党的十六大前是高校辅导员制度的改进优化阶段。此阶段主要是在前一阶段基础上进行了继承与发展，包括重视高校辅导员队伍的结构优化问题，丰富高校辅导员制度的内容等。中国共产党的十四次全国代表大会提出要大力发展教育，这为高校辅导员制度带来了新的发展机遇。在这个阶段，通过实施政治辅导员分流机制，优化政治辅导员队伍结构，丰富高校辅导员制度内容体系，使高校辅导员制度实现了稳步发展。

1. 推动政治辅导员分流机制

为贯彻落实中央有关文件精神，加强对高校政工干部队伍的建设工作。1993 年 8 月 13 日中央的多个部门共同发布了《关于新形势下加强和改进高等学校党的建设和思想政治工作的若干意见》（以下简称《意见》），提出应该建立一支以精干的专职人员为骨干的、专兼职相结合的政工队伍。这一《意见》的出台，意味着要高标准要求政工干部的政治品质和业务能力，也对政工干部承担工作有了更严厉更高的要求。政工队伍建设目标的实现，需要通过推动政治辅导员分流机制来实现。要对政治辅导员的称评定进行分流，通过实行政治辅导员分流机制，要在青年教师之中培养和培育既熟悉教学又掌握科研业务的政工干部骨干群体和后备力量。

实行政治辅导员分流培养和发展的机制。对于专职政治辅导员的培养和发展，必须要根据他们承担的实际工作情况和具体工作年限，为其制定不同的培养和发展措施。《意见》从专职人员培养与发展两方面做了指导。明确专职人员的培养目的是培养又红又专的骨干人才，培训重点是提高政治素质和工作能力，明确培养方式包括培训、进修、攻读专业学位等，重视组织和吸收政工干部进行出国考察和出境考察，让他们能够去了解世界的形势、扩宽自己的知识面和见识度。教师公派出国计划要包括专职人员的留学计划和进修计划。针对专职人员的个人发展问题，《意见》提出了政治辅导员分流机制。即要对承担了二至四年思想政治工作的专职人员进行分流，可以是安排他们在职攻读学位转为业务教师，或者安排他们转做党政干部。

实行政治辅导员职称评定分流。一是针对既承担教学科研工作又承担思想政治工作的教师，《意见》对其工作业绩做了规定，将他们兼职从事的思想政治工作看作其业务工作实绩的一部分，当他们申请评定专业技术职务时，在计算他们的工作量时，在给他们发放奖金时，都应该结合他们的思想政治工作绩效充分考虑。针对申请评聘专业技术职务的教师，各地、各高校应该要从总体的职务评定指标里面，划拨出一定比例的指标数额，用于对思想政治教育教学工作的政工干部的评聘。二是对于只承担思想政治工作的干部，学校则要从管理体制改革着手，再结合学校实际情况的基础上解决落实职称和待遇问题。

2. 优化辅导员队伍结构

第一，建设业务精湛的教师工作队伍。为加强教师队伍建设，1994年8月中共中央出台《关于进一步加强和改进学校德育工作的若干意见》（以下简称《意见》），要求优化政治辅导员的队伍结构，建设一支业务精湛的教师工作队伍。这支队伍人员结构上要实行全职和兼职相结合，在职能上要相互补充，个人素质上则要有坚定的信念。

具体而言就是，各级党委和教育部门以及高校要坚决贯彻落实《意见》，根据自身的实际情况采用合适的方式方法，建设稳定的教师队伍，持续培养教师力量。要积极实施各种培训工作，提升教师队伍的整体综合素质。要努力为思想政治理论课程的教师和辅导员创造参加实践的机会，让他们能够在实践之中对社会、国情以及改革开放的最新政策有正确的认知。同时，还要建立科学的奖励制度，提升教师队伍的稳定性和进取心，制定相关政策保障辅导员队伍的待遇、培训以及后勤。积极支持和发展"双肩挑"的制度。《意见》分别对围绕队伍建设目标、队伍培训手段、队伍表彰制度、队伍职务评定和待遇等方面的内容做了规定，全国各个教育系统对上述精神学习和研究，坚决认真落实，并制定了落实的具体方案和规范，切实保证了《意见》的贯彻落实。

第二，划分政工人员类型，明确"辅导员"称谓。1995年11月国家教委发布《关于颁布试行〈中国普通高等学校德育大纲〉的通知》，指出包括辅导员在内的七类专职从事思想政治教育人员为学生专职政工人员，属于高校教师队伍，并且把"政治辅导员"称谓改为"辅导员"。1999年9月中共中央颁布《关于加强和改进思想政治工作的若干意见》再一次提出优化政工队伍结构。一是要保持这支队伍政治力强、精于业务，作风正派；二是要充实工作队伍人员，教师工作队伍应该要多选拔德才兼备的中青年干部们；三是要从政治素质和业务能力这两个方面对思想政治工作者进行培养；四是要对表现突出的人员给予表彰、进行奖励。

3. 高校辅导员制度内容体系

2000年7月中共教育部党组发布了《关于进一步加强高等学校学生思想政治工作队伍建设的若干意见》（以下简称《意见》），明确了建设政治辅导员队伍的基本原则、规定了政治辅导员配备比例、提出了政治辅导员培训与管理的方案等具体内容，这是对高校辅导员制度内容体系的进一步丰富和完善。

明确建设政治辅导员队伍的基本原则。第一条原则是要坚持德才兼备，第二条原则是要坚持专兼结合。具体来说，选拔出来的人员，应该具备良好的政治素质，还有良好的思想作风，既有较高的学历背景，又拥有相应的工作能力，要尽量从做过学生工作的人员中挑选。以上内容明确规定高校选拔的兼职学生政治辅导员的基本政治条件。《意见》规定了各类政治辅导员的工作周期，原则上专职政治辅导员的工作年限以四至五年为一周期，兼职的学生政治辅导员以二至四年为一周期。这一规定，有助于保证高校政治辅导员队伍人员的相对稳定。

规定政治辅导员配备比例。《意见》指出，原则上要按照 1：120~1：

150 的比例配备专职从事思想政治工作人员。"有条件的高等学校可以根据工作需要和选留人员的条件，在本校推荐免试研究生的计划中划出一定的名额，用于选留作学生政治辅导员的人员。这些人员取得攻读硕士学位研究生资格后，工作 2 年再读研究生。"这一政策的出台，有利于吸引更多优秀人才加入高校学生政治辅导员工作队伍。

明确政治辅导员培养与管理方案。明确了培养原则和培养措施，强调针对专职的学生思想政治工作人员的培训，应该要把他们专门列入高校师资培训计划；必须要对兼职从事学生思想政治工作人员，开展上岗前的培训，以及在工作的过程中为他们提供在岗培训。同时要增加学生思想政治工作人员参加实践锻炼的频率和途径，通过岗位轮换制、挂职锻炼等方式，让思想政治工作人员能够参与实践锻炼，增长见识，增强实际工作能力。同时，《意见》强调要建立健全管理考核制度，注重日常的管理，进行严格考核，考核的结果要作为职务评定、晋升、奖惩的重要依据。

第二节　高校辅导员制度的历史变迁与优化

一、高校辅导员制度化建构的历史回顾

（一）继承与建构

高校辅导员制度的初创时期是 1952 年到 1966 年。在中华人民共和国成立之后，国家在政治权利渗透教育方面实施了很多政策，其中包括对于旧时期大学的改造和建立高校辅导员制度等。第一，对高校领导与政府之间的关系进行了调整。在 1951 年，我国政务院和教育部颁布《关于加强对学校政治思想教育的领导的指示》和《关于全国工学院调整方案的报告》两个重要文件。文件之中便包含了"试运行政治辅导员制度"。1952年，我国教育部又颁布了《关于在高等学校有重点地试行政治工作制度的指示》，其中明确提出要在高校建立政治辅导员部门，并初步明确了辅导员的工作目标和工作职能。清华大学于 1953 年创立了新中国第一个专职辅

导员制度。而在 1961 年和 1965 年，教育部相继颁布的《教育部直属高等学校暂行工作条例（草案）》和《关于政治高校辅导员工作条例》两个文件初步确定了高校辅导员的机构组成以及工作制度，并且提出了明确的高校辅导员配置要求。总之，当时的高校辅导员的制度依附性还很强，体现了"教育工作要为政治服务"的政治性本质，还没有从政治工作中分化出来。其职业化、专业化并不明显，当时的制度建设并不是常态化的，而是应急性、工具性的。

（二）规范与整合

1986 年《关于选配品学兼优的应届毕业生充实高等学校思想政治教育工作队伍的通知》《关于加强高等学校思想政治工作的决定》和 1987 年《中共中央关于改进和加强高等学校思想政治工作的决定》等一系列文件的颁布，引导各高校开始着手高校辅导员的队伍建设工作。对高校辅导员的领导、管理、组织、选聘、培训、考核等具体情况进一步提出明确要求。同时各高校也根据自身的实际情况。对此制度进行了不断加强和改进，形成了包括岗位责任制等在内的制度化模式。但是在该时期，改革开放所带来的不仅有发展的机会，更有发展的困境。快速的社会转型和社会环境的改变使得人们思想受到了强烈的冲击，因此社会开始大批量涌现出拜金主义、个人主义等思潮。这对于大学生的学习与成长造成了十分不利的影响，与此同时，高校辅导员制度的发展也出现了巨大的问题。该时期不仅出现了高校辅导员制度问题没有得到解决的现象，更出现高校辅导员思想认识产生偏差，在工作中产生方向性错误的现象。这说明在该时期高校辅导员制度的建设与发展并不科学，制度的不均衡发展导致高校辅导员队伍的建设出现问题。

（三）转型与创新

2000 年至今是高校辅导员制度步入科学化发展的时期。我国于 2000年、2004 年、2006 年相继颁布的《关于进一步加强高等学校学生思想政治工作队伍建设的若干意见》《关于进一步加强和改进大学生思想政治教育的意见》《普通高等学校辅导员队伍建设规定》等文件都促进高校辅导员制度的进一步发展和完善。而教育部所提出的"辅导员双重身份"和

"辅导员双重管理"的理念让高校辅导员队伍在职业化发展和专业化发展取得了良好的成效。

2014年《高等学校辅导员职业能力标准（暂行）》出台，标志着高校辅导员有了自身发展的纲领性文件。高校辅导员队伍建设制度和工作制度的细节逐步完善，从而形成新的辅导员制度运行机制。自从党的十八大召开以来，我党在治国的政治高度上对高校思想政治教育工作不断加强。在2017年2月，我国颁布了《关于加强和改进新形势下高校思想政治工作的意见》，该文件进一步对高校思想政治工作进行了强调。伴随着社会的发展和现代化进程的深入，对于高校辅导员制度的功能进行整合是我们首要解决的问题。这就需要将高校辅导员的实际工作与高校辅导员制度政策相互结合，为高校辅导员制度的内容与形式的发展提供创新性。

二、辩证理解高校辅导员制度变迁的动因

制度变迁的类型大致有供给主导型与需求主导型两种。制度供给与需求的张力是高校辅导员制度创新与发展的动力。

（一）制度供给

从另一个层面来说，强制性制度变迁和诱致性制度变迁的出现是一种必然的过程，这是由于政治对高校辅导员制度的影响。强制性制度变迁能够让高校辅导员制度产生一种同构性，并且能够帮助高校辅导员制度在发展中解决出现的问题。例如，在《普通高等学校辅导员队伍建设规定》文件中明确提出，高校辅导员要"实行学校和院（系）双重领导"，各省、市、自治区的教育行政部门需要根据当地实际情况建立辅导员研修和培训基地。诱致性变迁则是自发组织和实施的自主性制度变迁。当前，社会环境变化、辅导员个体行为、大学生价值观、社会思潮等无疑引发了对高校辅导员制度的选择，为辅导员制度的诱致性制度变迁提供了时机和空间。

高校辅导员不仅能够以对学生进行思想政治教育的方式直接实现自身的政治功能，还能够通过对经济发展、文化发展，甚至社会发展产生影响从而间接实现自身的政治功能。伴随着我国迈入飞速发展的阶段，我国的高等教育也在不断发展和完善，这表示我国高校辅导员制度虽然政治本质

没有发生变化，但是高校辅导员制度增加了许多新的指导思想。同时，高校辅导员制度除了政治功能之外，还发展出事务功能、职业功能、服务功能等，但是从高校辅导员角色创建开始到现在，政治功能一直是高校辅导员制度的第一位。

从当前高校辅导员在大学生、学校、社会等领域内的表现来看，进一步开展制度创新，要考虑到辅导员制度变迁的差异性，优化制度良性导向。

（二）制度需求

现实社会与高校对于制度的需求是高校辅导员价值实现的基础。有学者曾经提出，制度的需求要从两个层面进行分析。一是大家所认为的普通意义上的制度需求；另外一个是人们对于各种制度的具体需求。高校之所以创建辅导员制度是因为需要贯彻国家和党中央的教育方针需求，并且建立高校辅导员制度也是一项坚持马克思主义思想的重要措施。高校辅导员制度能够对现代大学生进行正确的引导，调节大学生与国家和党之间的关系。

当我们明确了人们对高校辅导员制度的需求之后就会发现，加强高校辅导员制度的建设是当代大学生的管理需求。这对于当代高校培养人才和创建和谐校园环境有着重要的作用。具体而言就是，高校辅导员不仅是大学生的思想政治教育引导者，更是大学生日常事务的管理者以及大学生发展规划的建议者。高校辅导员需要能够从实际出发、从生活出发去拉近与学生之间的距离。高校还需要建立一个能够平等对话、交流的平台，帮助高校辅导员能够实现与大学生的"心灵交流"，从而推动思想政治教育的长期发展。

（三）供给主导型与需求主导型

这两种是不同的支配关系。高校辅导员制度的需求和供给之间的矛盾是能够协调的，这种矛盾并不是一种结构性的矛盾，这两者是一种对立统一的关系。高校辅导员是大学生意识形态建设与大学生日常事务管理的双重责任者，是高校思想政治教育工作改革创新的推动者，更是引导大学生塑造社会主义核心价值观的关键一环。高校辅导员的任务多，责任重。由于高校辅导员的重要地位，必须进行合理辅导员队伍建设才能满足其需求。建设专业化的高校辅导员队伍、提升学生事务管理的水平、全面提高辅导员队伍素质，其重要性和迫切性不容忽视。

三、高校辅导员制度优化发展的路径

高校辅导员的制度是其发展的基础与引导方向。只有对高校辅导员的制度进行不断优化，高校辅导员才能够良好的发展，这也是高校辅导员的发展方向。怎样优化才能够实现高校辅导员的良好发展？这需要对已有的制度进行"重构"。

（一）要加强和改善对高校辅导员的管理与培养

对辅导员工作制度进行完善和优化。近年来，高校辅导员制度正在不断地完善和优化，包括内容的建设和制度形式。2014 年 3 月教育部印发的《高等学校辅导员职业能力标准（暂行）》和 2013 年 5 月中共教育部党组印发的《普通高等学校辅导员培训规划（2013–2017 年）》等文件指出：积极完善和优化高校辅导员职业化、专业化的培养和管理制度是建设高校辅导员队伍的关键内容。现在，我国还有许多高校的辅导员专业化、职业化的条件没有完善。这就需要对高校辅导员的选聘机制、培训机制、管理机制以及考核机制进行不断完善和优化，力求从制度上对高校辅导员的专业化、职业化发展建立良好的基础。

2016 年 12 月 16 日通过的《普通高等学校学生管理规定》（教育部令第 41 号）中明确要求：高校需要对管理制度进行完善和健全，要规范管理行为，将教育与管理相互结合。高校辅导员的工作目的之一便是在高校教育之中合理地将管理工作和思想政治教育工作融入其中，所以，对高校辅导员的工作制度进行完善和优化能够提高高校辅导员的工作效率。

（二）重视并加强高校辅导员制度系统建设

从某种程度而言，高校辅导员制度是否具备科学性的关键是管理是否科学。这也表示在高校辅导员制度建设的过程中需要以制度的基本类型和层次为基础，要保证制度的合理化、秩序化、结构化以及优化制度的流畅性与连贯性。

第一，完善高校辅导员制度需要对顶层的设计结构给予重视，同时要对制度的资源进行整合；第二，需要应用相关方案以及方式方法建立制度，并对制度进行规范；第三，建立制度时要重视建立制度执行机制，制度执行机制需要具备执行主体、组织形式、相关政策以及实施保障；第四，要根据制度主体的素质能力进行建设，提升制度主体的制度意识；第五，要建立监督机制和评价机制。随时解决出现的新问题，及时纠正出现的偏差。

（三）树立制度优化意识不断提高制度科学化

高校辅导员制度的发展不仅是一个对制度规则进行完善和优化的过程，更是一个需要思想政治教育主体不断反思制度规则的过程。我们一直所提到的高校辅导员专业化发展建议既是一个合理化的建设又是对现存的高校辅导员制度的反思。但是建立制度与规则并不代表着完成任务，还需要能够确保制度与规则的有效性和可执行性。因此，在优化制度的过程中需要对其进行科学、合理、严肃、人本化的制度促进，只有这样才能够确保制度的持续发展性，调整制度的内部连接方式，完善制度的运行模式，延长制度的生命周期。所以，提高制度的科学化应该做到以下几点：第一，对高校辅导员制度的优化是一个系统性的工作，需要对制度的建设和执行都进行优化；第二，高校辅导员制度的优化是一个现代化、科学化的优化过程，它能够将人们对于高校辅导员的期望呈现出来；第三，优化思想政治教育制度的过程是动态的，它能够伴随环境、时代的发展和变化进行持续的发展和完善。

伴随全球化的发展与现代化建设的深入，高校辅导员制度所面对的国际环境与社会环境会更加复杂，这就表示当前的高校辅导员不仅需要满足和实现政治功能，还需要承担一部分的社会责任。因此，高校辅导员需要面对挑战、应对挑战才能够准确判断出我国现存的高校辅导员制度有哪些缺陷，才能够根据环境的变化进行不断调整，为了高校辅导员专业化发展提供良好的基础。

第三节　高校辅导员制度发展对辅导员 职业化的启示

一、高校辅导员专业发展的意义诠释

人的独立性所面对的两个问题是：第一，由于科学技术的发展，人类对于自然的索取所造成的全球性环境问题；第二，人类对于物质的依赖造成了的人类的物化问题，也就是我们通常所说的物质主义问题。这两个问题不仅是哲学与人类存在之间的矛盾，更是人类与自然之间的问题。

（一）辅导员专业发展是实现高校育人目标的重要途径

我国高校学校培养人才的目的和任务就是将学生培养成能够建设社会主义事业以及成为可靠的接班人。大学生作为中国的未来，无论是思想道德水平还是身体与心理的素质都与国家的发展和未来息息相关。所以，高校辅导员的主要工作就是培养大学生的价值观、世界观以及思想品质，要保证大学生能够健康成长。高校辅导员必须运用科学的方法将思想政治教育和规范约束相结合才能够达到思想教育所要达成的从"外化"到"内化"的目的。高校辅导员作为大学生的引导者，自身所具备的专业能力和道德品质对大学生的健康成长至关重要。只有高校辅导员自身的素质品质和专业能力过硬才能够培养出品学兼优的大学生，才能够真正实现国家所要求的人才教育目标。

高校的思想政治教育的本质其实是育人，是对大学生的价值观、世界观、人生观塑造的重要过程，其自身也具备了内在发展规律和特点，有很强的专业性。高校辅导员作为思想政治教育的实施者和引导者更需要全面的发展才能够达到高校的教育目标和保障高校的教育工作和管理工作顺利进行。

育人的每个目标的发展与自然环境息息相关。教师的职责是"传道、授业、解惑"，但是现在的高校教育制度中的学分制度和分科制度使得教师在课堂的教育职责变成了传授知识。这使得教师无法在课堂上完成"传道"的职责——对学生进行思想道德教育。此时，高校辅导员队伍的作用就体现出来了，高校辅导员能够对大学生进行必需的品格教育，这是因为学生在学校生活中的所有行为，无论是好是坏都会对品格造成影响，因此高校辅导员是作为整合学校一切可利用资源的角色，对学生进行良好的品格培养。

（二）辅导员专业发展是实现学生全面发展的客观需要

随着全球化的进程深入，学生面对的是全球一体化的激烈竞争，所需要承受的各方面压力越来越大，因此滋生出的问题也越来越多。为了能够保障学生有一个良好的发展环境，建设一支高素质、专业能力强的辅导员队伍来提高教育管理和服务水平已经成为中国高校发展进程中的一个重要的内在诉求。中国所实行的选拔人才制度——高考已经为高校选拔出了一代又一代的学习经精英，但是提高品德素质、全面发展这些原来应该是中小学的育人工作却都留给了高校。

在我国，所有学生由小学升到中学、再由中学升到大学都是需要进行考试，以分数作为评判的标准。但是大学是我国培养人才和教育系统的最后一站，需要做好学生与社会接轨的准备工作，这无形之中增加了高等教育的难度。在现阶段，社会所需要的是有一技之长并且全面发展的人才，但是这样的需求又增加了高等学校的教育难度，因此高等学校需要应对这些难题，从实际出发进行教育系统、教学工作、教学管理的优化与改革，从而满足我国对人才的需求。

高校辅导员的工作应该根据学生的客观需要进行，要在工作的过程中找出存在的问题并进行制度的完善与优化。伴随着社会化进程的加快，全球化和信息化的逐渐深入，当代的大学生思维方式已经出现了很大的变化，面对当前社会空前的竞争压力，大学生需要不断完善和加强自身的综合素质才能够保持自己的竞争力。现代的大学生已经不再局限于原本意义上德、智、体、美的发展，而是需要实现身体、心理、学习、品德、生活以及就业等多方位的综合素质的全面发展。

（三）辅导员专业发展是辅导员队伍可持续发展的需要

从发展的角度而言，高校辅导员的身份是双重的，也就是既是教育者，也是学习者。高校辅导员在教育和学习的领域之中自由地成长和不断地发展，然而在任何领域之中都不存在一劳永逸的情况，教育活动中也同样，高校辅导员在教育活动中的发展应该重视自我价值的提升。教师是一个贯穿一生的职业，而高校辅导员是距离学生最近、最能够与学生进行直接接触的教育工作者，因此辅导员也是最容易取得学生信任、对学生发展影响最大的教师。事实上，在教育的过程中，辅导员不仅存在着专业能力上的差异，还存在个性化的差异，每个辅导员的工作方式、教育习惯以及管理水平都各不相同，这也导致不同辅导员所呈现出的工作效果会产生差异。特别是在大学生面对"多种机遇下的多种选择"时，辅导员所产生的影响将更为明显。高校辅导员在具体的教学实践之中能够产生怎样的作用？又是怎样产生作用的？这不仅是受到辅导员的学生观影响，还会受到教师的自我意识影响。所以，高校辅导员能够塑造自身正确的学生观和发展观。

高校辅导员的工作内涵极为丰富，是普通教师不具备的。只有辅导员在其中体会到了乐趣、自由与成就感才能够让教育真正具备灵魂。对大学生精神世界的培养是非常重要的，而辅导员在教育过程中创造出的自我生命价值也是十分有意义的，同时，这也是辅导员发展的根本——从职业中获得新的生命。随着社会经济的发展，当前社会的生产力饱和，生产速度也达到了前所未有的速度。教师的职责在当下仍旧是传递知识，通常情况下，教师在传授给学生知识之后就需要辅导员去激励学生进行思考、整理、归纳和创造，这也成为辅导员在教育中的主要工作之一。

高校辅导员在现代的高校的学生管理之中的职能也发生了变化，这种职能的变化对高校辅导的工作内容产生了很大的影响，使辅导员的工作内容更加复杂，工作性质也更加多元。因此，传统辅导员的知识与专业能力已经无法满足当前高校所要求的教育目标，想要满足教育实践的需求，就需要对高校辅导员进行不断的培训，提升其综合素质。但是目前提升知识与能力的关键点在于建立一套区别于传统培养方式、实施能力以及分工的体系。

在客观上，高校辅导员的发展需要向"专家型"方向进行发展，也就是说辅导员需要发展的内容要包括思想、心理、管理、发展以及管理等多方面"专家"素质。辅导员发展的另一个关键点在于保证辅导员队伍的稳定性，要将辅导员的岗位发展成为所有辅导员可以从事的长期职业。目前，我国的高校辅导员绝大部分还是根据经验和惯性服从安排学生管理工作，在辅导员的日常工作之中还是局限于学生出现问题以后再去解决的状态。因此，可以说，我国目前的辅导员工作实效性低、科学性不足。

只有对辅导员队伍进行专业化的培训，让辅导员队伍达到现代高校教育的需求，才能够解决目前辅导员队伍中出现的职责混乱、素质不高、结构不科学、队伍不合理等问题，才能够吸引更多的人才进入辅导员的队伍，建立一支稳定的辅导员队伍。高校辅导员队伍专业化的建设能够帮助辅导员重新认识岗位职责与意义，调动辅导员在工作中的主观能动性，激发辅导员的学习欲望，不断提升自身的综合素质。

高校辅导员队伍需要从单向功能的思想政治指导教师发展成为学生管理专家；从管理经验型发展成为学习研究型，不断提升自身的知识和专业能力，不仅要成为学生管理理论方面的研究者，同时还要保持学生管理工作的实践者。人本化、科学化是发展的本质，高校辅导员的发展需要将科学化作为教育工作的基础，将科学化与人本化作为评判教育活动的标准才能够使高校辅导员队伍的发展具备合理性。想要改善高校辅导员在社会上和专业上的地位，就需要建立专业化、职业化、高素质的辅导员队伍，增强辅导员在高校中的稳定性和社会对于辅导员的认知，让高校辅导员能够受到尊重，使辅导员工作成为令社会尊重和向往的职业才能够保证高校辅导员的可持续性发展。

1. 辅导员和学生在教育实践中的主体性参与

根据目前教师专业化的发展以及研究的现状作为基础，我们能够看出在教师职业的专业化发展中，教师自身的作用和地位在不断提升，这表示教师作为人本因素已经成为教师专业化发展的内在动因，因此，我们可以说辅导员自身也是其专业化能够持续发展的根本动力。当前的高校学生管理工作十分复杂，在这样的客观环境之中，辅导员的工作职责和工作性质已经不再像传统教师那样，而是转变成为引导学生建构方向、帮助学生学习、培养学生综合素质、激发学生的学习动力教育实践活动中存在着主体和客体，而教育实践就是主体对客体的认识与改造。教育实践活动之中还存在着作为主体的人与人之间的关系，也就是"主—客"和"主—主"的关系。在实际的实践之中，教师作为主体是无法在某个碎片化的时间段内对学生进行认知，或者作为客体被学生认知。教师与学生之间的认知与理解是需要在同一个过程、同一个时间、同一个地点、同一个活动之中进行交换、相互、共同进行的。

高校辅导员与学生需要在实际的教育活动之中正确认识和确认彼此之间的相互关系和两者的主体性关系。在实际的教育活动之中，教育主体能够产生对教育目标、教育内容、教育方式以及教育途径等方面的引导作用，想要充分发挥出教育主体应有的作用，就需要在实际的教育活动之中尊重教育对象的主体性。在这里，我们始终在强调两个主体在教育活动中的重要性，因为长期以来，我国高校辅导员的发展始终没有得到重视，辅导员的主体地位在教育活动之中处在较低的位置，辅导员的主体精神也没有在教育发展的过程中得到大幅度提升。高校辅导员专业发展的核心是主体性参与教育活动，在实际中的表现就是辅导员对自我发展的意识和专业发展的自主权。

由于我国实行的学分制度和改革后的教育理念使得现代大学生拥有了较大的自由空间。大学生的选择专业、转换专业、办理休学以及婚姻自由等权利已经成为现代高校教育中非常普遍的现象，但是这种情况也使得高校辅导员的管理工作越来越不被重视，高校辅导员在教育活动中的主体地位也在不断下降，并且因为现代大学生的发展方向具有极大的空间，使得辅导员无法再寻找到一个集体学生都感兴趣的主题。部分辅导员对目前的工作选择更多是无可奈何的选择，辅导员的待遇并没有达到应有的高度。

引导高校辅导员将自身的职业作为终身事业、将辅导员专业发展作为个人的内在诉求是促进高校辅导员专业发展的核心。提高辅导员的待遇、完善与优化辅导员从业资格制度、优化辅导员职称提升机制是辅导员专业发展的外在表现，而辅导员自身的自主发展意识和提升自身综合能力的意识是辅导员发展的内在动力，也是辅导员发展的根本。想要使高校辅导员专业有良好的发展，就需要明确辅导员在教育活动中的主体地位和作用，减轻辅导员在教育活动中的工作压力，给予辅导员更大的权力和空间，引导辅导员自主发展意识，自主提升自身综合素质，这才是发展的意义所在。

当我们以学生的视角去看待教育实践中的学生管理，我们能够得出辅导员专业的发展是学生与辅导员相互促进、相辅相成的结论，而且在一定程度上可以说是学生在帮助辅导员进行不断完善和优化。辅导员存在的价值就是促进学生的发展与成长。我们在之前已经论述过辅导员在教育活动中的主体参与性，但是在教育活动中学生同样是主体，如果教育活动没有了学生那么教师也没有存在的意义。大学生的主体性具体为：第一，自主性，每一个大学生都具有自己的独立意识，大学生具备认识自我、反思自我的能力，具有自我发展的意识和判断事物的尺度以及思维方式；第二，能动性，每一个大学生在面对自己与教学需求的差距时，能够抱有积极、主动的态度，在面对教学内容的时候能够凭借自己的意愿选择接受，在教育活动的过程中能够认识和评价教育者，并要求教育者理解自己，对教育者产生影响；第三，创造性，每一个大大学生需要将自主性与能动性相互结合进行发展，突破自身的思想和不断提升自己的能力。

在以往的中国高校教育实践之中，学生的主体地位往往并没有得到重视，学生始终处于家庭和教师的掌握之中，主体地位处于严重缺失的状态。但是在西方的教育理念之中，对于学生的主体地位十分重视。西方的教学强调引导学生的自主性，尊重学生本位、承认并重视学生的主体地位。尊重学生本位就是重视学生的生命发展，能够让教育引导学生由"抽象的人"转变成为"具体的人"。高校辅导员的工作是在班主任的基础教育工作阶段上进行延伸，这也是高校辅导员发展系统建立的观点之一。

班主任进行基础教育的工作，而辅导员则有所差别，他们要成为学生的精神引导者，引导大学生能力进行自主发展。在专业教师完成课堂教学任务的基础上，辅导员需要在课堂外对学生进行引导，要能够保证在遵守学生身心发展规律的基础上、以尊重学生作为主体的生命独特性为前提对学生进行全面、个性化的发展引导。

每一个高校辅导员的工作意义都是通过辅导员在教育活动实践之中实现的，有些情况下，更是需要如同父母对待孩子那样的付出。就像鲁迅先生所言："自己背着因袭的重担，肩住了黑暗的闸门，放他们到宽阔光明的地方去，此后幸福的度日，合理的做人。"如今当我们在讨论高校辅导员的发展时，既要包括奉献的概念，还要重视辅导员在引导学生发展的同时作为主体的共同发展。

2. 社会发展对高校育人的客观要求

在哲学的层面，发展是一个矢量，它具备了明显的方向性。高校辅导员专业发展的方向性体现在社会发展要求辅导员在育人方面不断发展，这不仅需要辅导员具备优秀的专业知识、职业道德，还需要具备洞悉国家发展政策的能力。我们经常提到的"三全育人"中就包括了辅导员在内。"全员育人"指的是学校中所有的教职工都需要对学生进行思想政治教育；"全方位育人"指的是学校要利用并拓展所有资源、途径、渠道对学生进行思想政治教育；"全过程育人"指的是学校在要培养学生的过程中始终贯彻思想政治教育。"三全育人"的重点在于：教育者主体的全体性、教育活动实践的全面性、教学事件的全程性，这也是高校思想政治教育工作系统能够运行的总原则。

对于辅导员来说，最基础也是最重要的工作内容还是思想政治教育。这是由于我国的中小学教育是应试教育，过于重视学科成绩，从而导致思想品德的教学没有达到预期的目标，在学生进入到大学之后，这种思想品德教育的缺失就需要辅导员进行再次实施。但是面对已经成年的大学生，光讲大道理已经不能起到多大的作用，辅导员想要完成对大学生的思想政治教育就需要分析学生所处的环境。

现代大学生的思想政治教育工作中所出现的问题具体为：第一，辅导员的德育工作是要求学生具备分辨善恶的能力，而学生学习的目的是追求功利。学生学习知识、提升专业能力是为了成为专业领域中的高端人才，从而能够在进入社会之后以此获得经济利益。此外，当前大学生考取的各种职业证书能够帮助大学生获得实际的利益，而辅导员对大学生进行的思想政治教育无法帮助大学生获得实际的利益。第二，大学生在进入大学之前受到的德育教育偏向"圣人化"，这会让学生产生出一种被圣人标准约束的感觉。因此，高校辅导员在思想政治教育的工作中要将培养大学生在现实生活中的幸福感为主要任务。中国的道德教育自古以来与政治的联系便十分紧密，因此，高校辅导员在德育教学的过程中需要重视学生的实际生活问题，重点培养学生的道德品质和完善个性化，引导学生成为一个对国家、社会有用的人才。

与时俱进是社会对育人要求的又一个体现，在"学会关心"的时代，尊重学生就是要倾听学生的声音，融入与学生共处的情景当中。师生间的对话和交往是以理解为导向的，师生间的关系比单纯的人际交往更为复杂。

二、高校辅导员角色演变的启示及建议

从微观的角度来看高校辅导员的角色演变，意味着辅导员在教育中的个人身份地位得到了体现，也代表着社会要求的变化以及辅导员主体地位行为的变化；在宏观的角度来看高校辅导员的角色演变，意味着辅导员队伍的发展方向。改革开放40多年来，我国高校辅导员角色的演变对我们今后高校辅导员队伍的建设有着重要的启示。

我国的高等教育已经逐渐在大众化以及多元化方面有了深入的发展。自改革开放以来，随着我国的高等教育改革不断推进与发展，高校辅导员的角色演变给予了我国高等教育重要的启示，具体的体现就是高校辅导员的专业化、职业化以及专家化。这是现代中国高等教育与社会发展对高校辅导员提出的需求，也是高校辅导员发展所经历必然过程，同时更是提升大学生思想政治教育以及高校辅导员队伍可持续发展的需要。针对中国高校辅导员角色的演变的启示，我们提出一些建议和意见。

（一）高校辅导员角色定位应体现专业化及措施

当普通职业者的群体开始向专业的标准靠拢，并逐渐将自身培养成为相关的专门职业的过程被称为专业化。高校辅导员专业化就是指辅导员依靠相关的专业机构和培训系统进行学习和培训辅导员知识和专业能力的过程。高校辅导员专业化还是辅导员自主实施专业能力，体现专业素质并以此为基础获得更高的社会地位和学术地位，同时切实履行辅导员职责和义务的过程。

我国自从改革开放以来，在提升高校辅导员专业水平方面不仅制定了相关的政策、制度去不断优化和改进辅导员的综合素质水平，还在不断开展高校辅导员的培训和学习活动，力求从理论知识和实践两方面提升辅导员的综合素质。如此一来，辅导员无论是在平日的工作中还是进一步的学习中都能够获得可持续性地发展，能够更有效地解决大学生的思想问题，

更深入的实践思想政治教育。

1. 建立严格的选拔机制

建立严格的高校辅导员选拔机制是保证高素质、高水平、专业化辅导员队伍建立的基础。在选拔辅导员时一定要严格遵守选拔人才的原则，选拔的辅导员一定要符合"政治思想高、专业能力强、道德品格正、组织纪律严"的标准，要以辅导员的工作内容和职责为基础，选拔出具有高道德水平、专业能力强、政治素养好、有奉献精神、热爱教育事业、喜爱学生、管理组织能力优秀以及表达能力良好的综合型人才作为高校辅导员。对辅导员的上岗条件、政治身份、学历职称、任期年限要有明确的要求，建立严格的准入机制。

2. 提高辅导员思想意识，强化职业定位

对行动产生引导作用的是思想，因此提升高校辅导员队伍整体的思想认知水平对于建立辅导员专业化队伍十分重要。首先，在建设高校辅导员队伍的时候要严格遵守科学性的原则，要以马克思主义理论教育以及相关的社会科学学科作为基础展开辅导员队伍的优化与完善。思想政治教育的研究、社会科学以及心理科学等学科的学习能够帮助高校辅导员的思想认知提升。此外，高校辅导员队伍专业化建立的重要基础和前提还包括对高校辅导员的职业进行定位。在对高校辅导员进行职业定位时，要以往的"过渡性、临时性"的观念向"长远性、崇高性、终身事业"方向进行转变，需要引导辅导员树立一个较高的职业理想。要极力避免让高校辅导员在工作中产生短期性、任意性的思想，帮助辅导员正确认识自身的身份，使辅导员能到在高校中指导大学生正确认识自己的社会定位和人格转换，同时要对大学生展开人文关怀，能够将纸面上的工作落在实处。

（二）高校辅导员角色定位应体现专家化及其措施

高校辅导员一旦对于自身所从事的大学生思想政治教育和管理学生事务工作在一定程度上有了非常深刻的理解和丰富的理论知识之后，就可以被称为辅导员专家化，高校辅导员专家化也意味着辅导员成为某一方面的教育专家。高校辅导员专家化的同时将现代高校的自觉发展意识和高校辅导员的实际情况呈现出来，而高校辅导员专家化有以下几个含义：

（1）辅导员专家化不会一蹴而就，也非是高不可及，而是有一定的发

展历程。

（2）辅导员的专家化是具有一定的专一性，能够精通大学生思想政治教育理论，并能熟练地应用到实际的教育中去；

（3）能称得上"专家"的辅导员，必须具有副高以上职称，并且在成为专家之后，依旧从事大学生的思想政治教育工作。

1. 完善的管理机制是专家化的前提

在我国教育不断发展的过程中，高校辅导员随着时代的进步所担任的工作也越来越多。不过因为我国前期的高校辅导员制度存在多种考核管理和部门交叉管理的情况，很多高校辅导员并没有对工作岗位产生认同感和归属感，如果想让高校辅导员真正步入专家化，就需要突破以往的混乱局势，根据高校辅导员的职能要求和工作特点制定专家化标准，并且明确高校辅导员所享有的权利以及所履行的义务，让高校辅导员的工作能够稳定、高效进行。

2. 强化辅导员专家化的培养机制

想要一名辅导员成为"专家"，就需要先选聘出合格的辅导员，在经过对其培训和自我学习之后成为一名优秀的辅导员。而从一名优秀的辅导员成为辅导员专家则需要经过很多的工作，在这其中最为关键就是对辅导员的培训。各个高校为了推进高校辅导员专家化政策的发展，需要制定一系列关于高校辅导员队伍建设以及发展的制度和计划。高校要设立辅导员岗前培训、在职培训以及专项培训等多种培训方法。只有这样，辅导员才能够为大学生提供良好的思想政治教育，才能成为大学生成长规划、心理咨询、就业指导的专家。

3. 建立健全辅导员专家化的常态运行机制

高校辅导员的专家化的建立需要满足科学标准、社会认同以及相关的配套待遇。高校还需要根据自身的实际情况，对高校辅导员的岗位职责、担任标准以及相关标准的条件进行制定，以此来强调辅导员所负责工作的特点。

（三）高校辅导员角色定位应体现职业化及其措施

高校在建设与培养高校辅导员队伍专业化之后能够将辅导员的职业作

为基础，引导辅导员的发展走向良性，所以，我们可以说辅导员的专家化就是高校辅导员队伍的职业化发展的最终目标。

高校辅导员需要向职业化方面进行发展，这代表着辅导员的角色在转换的过程中，其已经不再是从事临时、短暂的工作，而是像高校学科教师一样，将自身的工作职业化，将辅导员作为一种长期从事的职业。与此同时，辅导员的选拔与晋升也要像高校专业学科教师一样，只有这样才能够使高校辅导员队伍趋于稳定。在西方发达国家，高校辅导员的职业化发展非常成熟，同时西方发达国家在发展辅导员职业化的过程中包括：建立辅导员专门机构、明确辅导员工作内容、培养辅导员专业素养、提升辅导员理论知识等多个方面。我国高校辅导员在职业化的过程中，其角色的变化包括的内容十分广泛，这些内容分别体现在下述几个方面：一是建立高校辅导员职业化队伍；二是设置高校辅导员职业化岗位；三是对高校辅导员的职业精神进行培养；四是为高校辅导员的职业化制定标准和体系。以辅导员职业化建设内容为基础，现阶段高校要从下述几个方面推动高校辅导员职业化的发展。

1. 提升辅导员职业化的素养

一个人职业化的最基本特征之一就是良好的职业素质。职业素质主要包括工作的职业道德、职业心理和职业意识。因此，高校辅导员的职业素质不仅包括学习意识、实践意识、奉献意识、创新意识、竞争意识、合作意识、效率意识和诚信意识，还应与自身理论素质和综合素质的发展相适应，高校辅导员还应具有深厚的理论基础、广泛的人文科学知识、优秀的心理素质、良好的人际交往能力。另外，我国自改革开放以来，经过许多专家学者的实践和考察，总结出当代大学生心理状态和行为的四个基本特点：第一，实现个人理想；第二，多元化的人生价值取向；第三，具有多元化的生活理念；第四，高度职业化的行为。

这表示，高校辅导员不仅要对大学生进行传统的思想政治教育，还需要在思想政治教育和日常事务管理的过程中，采用合适的教育方法、专业的教育知识和教学技能对大学生进行全方面、深层面的教育。

2. 加强国家政策的引导及学校层面的重视

对于高校辅导员的在职业化发展而言，国家政策的引导和政府机关单位的支持是不可缺少的关键环节。所以，国家的政府部门和各地的机关单位要能够制定和颁布更多的政策支持高校辅导员职业化的发展，要为高校辅导员职业化指明发展的方向。最近几年来，高校办学规模和招生规模在不断扩大，各地政府需要及时加大对高校辅导员职业化发展的投入，应该制定专项资金政策用来支持高校辅导员职业化的发展，建设稳定的高校辅导员队伍。

另外，对于高校辅导员队伍的建设需要高校的人事部门和相关部门对制度进行进一步的规范化和完善，要能够明确在大学生日常事务管理和思想政治教育的过程中，高校辅导员产生的作用和正确的位置。要纠正"每个人都能当辅导员""不是学科教师就是辅导员"的错误思想，要建设良好的高校辅导员职业化发展环境，同时构建能够将高校辅导员工作特点展现出来的晋升机制。

此外，高校还需要在人力、物力、财力等方面加大投入，用实际的资源对高校辅导员的职业化发展进行支持。同时，要明确高校辅导员的职称、待遇以及高校地位等方面，创造出高校辅导员职业化发展的良好空间、平台、条件，用来刺激辅导员对于工作的积极性和创造性。在准备好高校辅导员职业化发展的硬件条件和软件条件之后，需要高校领导重视高校辅导员职业化发展这项工作，高校领导要能够保持对辅导员职业化工作的关注，深入了解高校辅导员的工作，以便于及时发现问题，及时调整。

3. 高校辅导员也应重视自我素质的提升

高校辅导员的自身素质与能力直接关系到大学生思想政治教育的成果。高校辅导员的工作目的就是培养大学生，因此，辅导员需要以自身实际情况作为基础，持续提升自身专业知识和能力，这样才能够在大学生出现问题的时候进行及时处理。高校辅导员在专业化发展的过程中可以通过自身不断努力和学习，促进大学生管理工作的顺利进行，提升大学生管理和教育的效果，最终引导大学生进行全面发展。

第一，高校辅导员要深刻认识其职业化的内涵。只有这样，才能充分调动他们职业化的积极性。

第二，高校辅导员不仅要加强相关理论、专业知识和专业技能的学习，还要注重调查研究与自身工作相结合，努力成为大学生思想政治教育、日常生活管理和服务的专家。

第三，高校辅导员需要持续强化自己的学习意识、提升自己的团队意识和创造能力。因为高校辅导员的工作内容较为复杂，但却具有普遍性，因此高校辅导员需要持续保持自己的学习意识和树立终身学习意识，利用工作的闲暇时间学习心理学、教育学、马克思主义哲学等学科的知识。另外，高校辅导员还要能够多与专业学科的教师积极地进行交流和学习，时刻注重培养自己的创新能力。创新能力对于高校辅导员而言是极为重要的，只有具备了创新能力，高校辅导员才能够在工作中不断提升发现问题、解决问题的能力。

4. 完善高校辅导员的行会制度

在许多西方发达国家中，通常情况下会组织行业协会这类的组织机构，这种行业协会组织有利于高校辅导员职业化的发展，并且这类的行业协会组织在许多西方的发达国家中已经存在了上百年。与之相比，我国的行业协会还处在起步的阶段。例如，在美国，高校辅导员行业协会一般指的是高等院校的人事协会，但我国的高校辅导员行业协会还处在构建的阶段。所以，我国的高校辅导员行业协会的构建进度会对高校辅导员的职业化发展进程有很大的影响。行业协会体系的建立不仅能够为高校辅导员提供一个学习与交流的平台，还可以为高校辅导员的职业化发展制定行业规范要求和道德准则，从而帮助高校辅导员职业化完善与优化。

第二章 高校辅导员工作现状研究与问题分析

　　研究辅导员的展业发展现状也是对根据实际存在的问题与辅导员专业发展相关的问题进行假设。在中华人民共和国七十多年的发展历程中，高校辅导员制度在每个时代都表现出了自身鲜明的特征。但是无论在哪个历史时期，高校辅导员制度都以完成历史使命为己任，不断向前发展，并在今天的高校教育中取得了重要的地位。即便如此，我们还是要正视在高校教育中高校辅导员制度发展的相对落后以及存在的诸多问题。

第一节 高校辅导员工作现状及存在问题

　　中华人民共和国建立之后，我国在任何时期对于高校大学生的思想政治教育都保持着高度重视，尤其自党的十八大以来，以习近平同志为核心的中国共产党对于高校的思想政治教育工作更加重视，为此特意于2016年12月召开了全国高校思想政治工作会议，该会议既指明了中国高校如何贯彻中国特色社会主义道路的方向，更在高等教育发展方面起到了推进的作用。高校辅导员是大学生思想政治教育的中坚力量，他们既是大学生日常中的引导者，更是思想政治教育的实施者和指导者。即便是伴随着时代的变化高校辅导员的工作内容有所增加，但是主要的工作职责还是对大学生进行思想政治教育，培养大学生正确的价值观。

一、高校辅导员思想引领工作现状

（一）投入少

教育部所颁布的 43 号令中对辅导员的主要工作职责进行了定义，辅导员的工作职责不仅是对大学生进行思想政治教育和引导大学生树立正确的价值观，还包括班级和党团部建设、校园学风建设、大学生日常事务、大学生心理健康咨询、校园危机事件处理、就业指导咨询和职业规划指导以及网络思想建设等。这表示，如果将辅导员的工作时间进行均等分配，对大学生的思想政治教育只能占到整体工作时间的八分之一。实际上，上述的八项工作需要辅导员进行的大量的时间和精力的投入。在这当中，大学生日常事务管理、班级党团建设以及校园学风建设因为涉及工作事项较多，并且很有可能是紧急工作，所以需要高校辅导员投入较多的时间和精力。但是一个人的时间和精力毕竟是有限的，因此便减少了辅导员对于大学生思想政治教育工作的投入。

（二）学习少

通常情况下，对于辅导员的选聘没有特殊的要求。因此现代高校辅导员的一般情况下是来自各个专业的，从专业的思政学科毕业的辅导员的数量非常少，因此很多非专业学科毕业的辅导员对于马克思主义的理论的掌握相对较为薄弱，所以要通过多读原著、学习原文、领悟原理去掌握习近平新时代的中国特色社会主义思想。对于习近平系列的重要讲话要多去深入研究原文和经典原著，要去感悟和体会。恩格斯曾经说过："一个民族想要立于科学之巅，就需要时时刻刻具备理论思维。"因此，对于理论的学习就是培养人们的理论思维能力。另外，现代辅导员的学习方法较少，现阶段很多辅导员对于新时代的中国特色社会主义思想理论知识并没有完全掌握，因此在工作之中无法熟练应用，无法在工作时潜移默化地引导学生，最后只能使用单纯的说教方式对学生进行思想政治教育。

（三）思考少

新时代的辅导员工作中有了更多的挑战，同时也有了很多机遇，学习条件也更加便利。除了互联网给大家提供了更加便捷的学习条件之外，大部分辅导员还有外出学习交流的机会，随着国际化的发展。辅导员出国出境学习的工作也在推进。但是只有学习还不够，还要思考。每个人都有一套属于自己的理论和方法。这套理论和方法需要去学习思考然后根据自己的情况进行总结，思考的目的就是找到适合自己的工作方法。更好地为学生服务，提升学生的思想境界，带领学生更加坚定地跟党走。

二、高校辅导员思想引领工作问题原因

（一）境界不够

辅导员的流动性大。很多教师都只是将辅导员这个岗位作为一个跳板，没有想过把这份工作做长、做久，只是想着自己的个人发展而脱离了学生。殊不知，一旦加入到辅导员的队伍中来，就要做好不怕麻烦，一心一意为学生服务的思想准备。只要一日在这个岗位，就要爱学生、懂学生，所谓的代沟都是自己疏远了学生造成的。辅导员要具备政治强、业务精、纪律严和作风正的品质，青年一代就是国家未来的希望，直接关系到祖国的前途和命运。对于大学生而言，高校辅导员是对其进行思想政治教育的主要力量，高校辅导员能够帮助大学生理解我国的发展趋势，对中国与国际的局势有正确的认知，对时代任务与历史责任有正确的认知，对远大抱负有正确的认知。最终成为符合建设中国特色社会主义接班人的高端综合人才。因此，辅导员的工作非常重要，任务很艰巨，如果辅导员的境界不够，可能就会把学生带偏，小到有损自己的前途，大到危害国家和人民的利益。要从根本上意识到思想引领工作的重要性，提升自己的思想境界。

（二）外部环境原因

首先，辅导员在高校的工作界限不清。虽然我国高校是在中国共产党领导下的高校，具有中国特色社会主义的特点，这些都赋予了高校辅导员特殊的使命，但并不是所有人都能意识到辅导员特殊的使命和担当。如大学生的事务性工作较多，很多涉及与学生相关的事情就推给辅导员，再加

上辅导员身兼管理和教师的双重身份，外部环境给予辅导员的工作任务和职责增多，导致辅导员工作的界限不清，很多辅导员也是因为这个原因产生了很多负面情绪。其次，是重要求，轻培养，大部分辅导员都是应届毕业生，没有工作经验。可能有些高校有些部门也意识到了辅导员工作职责的偏离，给辅导员提了更多和更高的要求，辅导员的工作压力越来越大但是并没有因为付出的多而有对应的回报，辅导员很多时候在疲于应付各种工作。

三、高校辅导员实现思想引领能力提升的对策

（一）加强自身修养提高思想境界

作为高校辅导员，根据教育部的 43 号令等文件的要求，需要明确自己的工作职责，高校辅导员是育人的工作，要教会学生先做人再做事。首先，自己要立德树人，做好表率，引导学生深入学习习近平新时代中国特色社会主义思想，做马克思主义的坚定信仰者。高举中国特色社会主义旗帜，这些都不仅是口号，不是空口白话，说服学生信仰共产主义，首先自己要坚定信念，要知道自己从事的是党和国家的教育事业，自己要献身的教育事业，正在培养的是祖国的未来，这样的责任感和使命感容不得有丝毫马虎，必须坚持走中国特色社会主义道路，只有在自己的信仰坚定不移的情况下，才有足够的能量去引导学生，打动学生。所以辅导员要加强自身的修养，提高思想境界。辅导员要明确自己所从事的工作，不仅是一份普通的工作，而是党和国家的教育事业，教育管理的对象是祖国的未来。帮助他们扣好人生中的第一颗扣子意义非凡，关系到党和国家的前途命运。站在这样的高度，这份工作被赋予了不一样的意义。

（二）深入理论学习，增加工作自信

只有思想境界还不行，还必须有自己的理论思维，如何形成这样的理论思维，首先自己要将理论学习深入，深入学习经典著作和习近平总书记的系列讲话精神，弄懂吃透、内化于心，将其作为自己工作的知识库，能够运用自如，为开展思想引领工作提供理论支撑，增加工作中的自信。

（三）找到学生规律，注重因材施教

实践是检验真理的唯一标准，辅导员不能做空想的理想主义者，要在实践中寻找学生的成长规律，了解他们在成长过程中的困惑，将思想政治教育融入与学生的日常交流互动中。首先，利用年级大会、班会、动员大会的机会，开展各种主题教育，除了自己讲述，还可以邀请专家教师，或者学生身边的榜样给大家做分享，增加趣味性和可接受性。利用自己的身份特点，将资源充分利用，形成合力，助力学生的思想政治教育。其次，利用各种时间节点，如2018年是马克思诞辰200周年。共产党宣言170周年，加强理论宣讲，有针对性开展相关纪念活动。最后，了解大部分学生的所思所想后，对于思想觉悟高，理想信念坚定的学生要多鼓励，给他们创造机会为同学们服务，对于个别思想激进的学生，要耐心引导，晓之以理、动之以情，纠正他们思想上的错误观点。大部分同学还是需要辅导员在平时的工作中用言行、人格魅力去影响，去塑造他们的正确价值观。

四、辅导员在高校思政教育中的主要工作方法

（一）说服式教育法

说服式教育法指的是教师和辅导员对大学生进行讲道理、罗列事实等行为让大学生自我认知、自我定位，同时引导大学生树立良好的人生观、世界观以及价值观的一种教育方法。

说服式教育法具有两个明显的特点：第一，说服式教育通常采用正面教育的方式提高学生的认知能力，重点在于以理服人，强调教育中的明理；第二，说服式教育能够引导大学生塑造自身的自律性和自觉性，培养学生分析问题的能力，帮助学生及时纠正错误的认识和观念。

将说服式教育方法进行大体分类可以分为两大类：一是使用文字、语言、影像等资料对学生进行说服教育；二是通过向学生展示事实的方式进行说服教育，如调查、访问、参观等。

（二）情感交流式教育法

在思想政治教育的过程中辅导员使用沟通和交流的方式与学生产生情

感上的共鸣就是思想政治教育情感交流式教育法。辅导员通过与大学生交流产生的情感共鸣将教育的内容传递给学生，从而完成教育的深层目标。现代的高校辅导员有很多是非常年轻的辅导员，与大学生在日常生活中的交流属于平等交流，这样辅导员与大学生之间更容易找到共同的话题，辅导员在交流的过程中能够找到更好的情感交流教育方式。但实际上在高校中辅导员与大学生的交流始终存在着一些问题和缺点。辅导员与大学生产生交流有很多情况是因为学生的学习或者是校园生活出现了问题，这种情况的发生一方面是由于高校没有建立起良好的沟通平台；另一方面是由于目前高校辅导员所使用的情感交流方式比较单一。这种单一的情感交流方式是我国高校教育中的传统方式，但是这种方式已经无法满足现代高校教育的需求，大学生对于这种情感交流方式难以提起兴趣。高校辅导员队伍的年轻化也导致了一些问题的出现，如辅导员的社会经历不足，无法对大学生进行有实质意义的引导；情感交流方式掌握不熟，不能很好地引导学生进行沟通；教育过程过于单一，说教和讲道理占据了绝大部分，无法和学生形成情感的共鸣。对目前高校辅导员在学生管理工作中出现的不足与缺点进行整合，高校应该对辅导员与学生之间的情感交流的方式和途径进行完善和优化。对高校辅导员的综合素质进行不断培养，提升高校辅导员的专业能力以及理论知识，增加辅导员的工作经验是提升高校辅导员情感交流的重要途径和方法。

（三）理论联系实践式教育法

在目前的高校之中，使用较为广泛的教学方法是将教育理论和实践相互结合。教育理论能够为教学提供理论指导，能够对教学过程中的教学方式和组织进行总体的概括，并且为教学实践提供选择。高校辅导员在完成思想政治教育工作的同时，还需要不断研究工作模式的创新，要坚持用理论指导实践，用实践充实理论的双重途径，明确两者是相辅相成、相互促进的关系。

教育实践与教育理论二者之间的"脱离"是高校思想教育过程中实际存在的一个大问题，辅导员在教育学生的过程中往往因为缺少实际教育经验，造成脱离实际"纸上谈兵"的教育方式。教育实践是随着思想教育工作者的工作阅历、工作经验的积累过程，而通过自身综合素质的提高，实践知识的增强，反过来对教育理论形成"互相滋养"，进而理论与实践都得到升华，完成由量的积累到质的飞跃。

(四) 网络舆论影响式教育法

网络舆论是伴随着网络媒体与网络技术的发展而诞生的，从网络舆论形成的那一天起，就有其作为媒介介质特殊的意义。网络舆论的发展为思想政治教育开拓了新视野、提供了新思路，为高校思想政治教育注入了新鲜的血液，网络的普及丰富了高校中思想政治教育的内容，满足了学生对于知识的受教需求，拓展了传统思想政治教育的形式，有效地提高了思想政治教育的实效性。

网络舆论在高校的思想政治工作的方方面面同样产生了很大的影响。在网络时代，网络舆论为大学生提供了思想政治学习的有效渠道，有利于提升大学生的思想政治素养。

网络也能为大学生正确表达爱国热情，弘扬爱国主义精神，弘扬社会主义奉献精神提供了平台，有利于大学生有效地凝聚热情、抒发情感。网络也能给大学生提供了鞭挞丑与恶，弘扬真善美的平台。

网络舆论像一把道德的标尺，有效地衡量大学生心中的道德标准和行为标准，时刻提醒他们任何一种行为都要受到道德行为的约束。网络舆论教育的发展是高校辅导员进行思想政治教育工作中重要的教育媒介和手段，更有利于当代大学生树立提升思想政治素养和道德意识。

五、高校辅导员工作现状及人员素质分析

对于大学生的思想政治教育而言，高校辅导员是不可缺少的中坚力量，同时也是我国高等教育的一个标志。高校辅导员不仅是高校的教师，更是我国党政管理的一部分，他们负责引导大学生树立正确的思想观念，培养大学生成为符合国家和社会需要的综合型人才。每一个以培养大学生思想政治教育工作作为终身事业的教师都希望自己能够成为受到学生欢迎的优秀教师。

在1953年，我国的清华大学出现了我国最早的一批高校辅导员。当时的清华校长蒋南翔先生提出了设立辅导员这一职位。最开始是由优秀的高

年级学生作为低年级学生的辅导员，负责低年级学生的思想政治教育的指导工作。之后逐渐发展成为由优秀的教师替代高年级的学生成为辅导员，逐渐建立起了一支稳定、专业的高校辅导员队伍。我国于 1965 年颁布的《高等学校学生班级政治辅导员工作条例》正式确认了高校辅导员的工作内容、工作职责、工作性质以及工作方法，这代表着我国的高校辅导员制度已经建立。改革开放之后，我国又相继制定出一系列的政策和制度来加强我国高校辅导员队伍的建设。除了重新确立了高校辅导员的选拔制度、待遇调整、岗位要求以外，更进一步地完善了高校辅导员的工作机制、培养机制、发展机制以及管理机制，这代表着我国高校辅导员的工作职责和工作角色得到了进一步的确认，让高校辅导员成为高校思想政治教育中不可缺失的重要部分。

（一）大学生综合事务的管理者

大学生日常事务的管理者是人们对于高校辅导员的主要角色定义，无论社会的发展速度多块，即便是时代已经步入到信息时代，高校辅导员的作为是大学生日常事务管理者的身份并没有发生变化。总体而言，高校辅导员在大学生日常事务管理方面的工作有以下几项：

一是对大学生的档案资料以及大学生日常事务管理资料进行管理；二是建设和组织团组织活动，组织建设学生党支部并进行管理，推选团员、党员，促进学生党支部组织的发展，组织团组织活动。配合教育部与高校下达的工作，在积极开展活动的基础上对活动形式与内容进行创新。对申请加入党组织学生的资料进行认真整理与审查，做好班级的"推优入党"工作。做好学风建设工作，以学风建设为基础指导学生党支部工作的展开，提升学生党支部人员的思想觉悟，规范党支部人员的行为，让学生党支部成员能够成为学生的模范榜样；三是对学生进行全面的安全教育，尤其是对于学生寝室的防火、防盗、网络、社会以及人身安全进行重点关注。对于学生身上出现的问题要能够及时发现，迅速应对并解决。深入学生寝室，把握学生的思想动态，关爱学生，积极帮助学生解决各种实际困难，配合舍务老师做好寝室管理工作；第四，坚持公平、公正、公开的原则，做好各类奖助学金的评比工作。落实好国家和学校对于品学兼优以及家庭经济困难学生相关政策的工作。

（二）大学生思想政治教育工作的实施者

教育部《普通高等学校辅导员队伍建设规定》指出，高校辅导员的主要责任有：

（1）高校辅导员需要引导学生树立正确的价值观、人生观与世界观，帮助学生建立以中国共产党为领导的中国特色社会主义道路，实现中华民族伟大复兴的共同理想和坚定信念。激励学生向更高的目标发起冲击，让学生中的优秀分子树立伟大的共产主义理想，确立马克思主义的坚定信念。

（2）引导学生养成优秀的道德素养，时常与学生进行谈心活动，帮助学生培养自身的心理素质和自尊、自强、自爱的良好素质，同时培养学生的克服困难的能力和勇于面对失败的能力。有针对性地帮助学生处理好学习成才、择业交友、健康生活等方面的具体问题，提高思想认识和精神境界。

（3）对大学生的思想政治情况有准确的认识，引导学生正确地关注和关系热点问题和焦点现象，及时对学生之间的矛盾和冲突进行调解，能够应对突发事件，维持校园的稳定发展。

（三）大学生职业生涯的规划者

随着我国高等教育的普及，巨大的就业压力已经成为高校毕业生和各级高校教育者和管理者面前最严峻的问题。做好毕业生的就业能力培养，引导学生树立正确的就业创业观，提高学生就业创业能力，是学校发展、维护社会安全稳定和学生们切身利益的重中之重。提高大学生的就业能力、就业技能，促进大学生就业是一项系统工程，从学生进入大学的第一天起，辅导员在日常的管理和教育中就应该侧重这方面的教育和培养。高校辅导员要担任大学生职业生涯规划师和大学生就业创业指导者的角色，帮助学生明确自身定位，提供全方位的就业指导服务，拓展学社就业范围和就业空间，帮助学生顺利完成由学校向社会的过渡。

（四）大学生心理健康教育者

过重的课业负担、激烈的竞争环境、过重的就业压力以及情感问题等诸多因素，严重影响当前在校大学生的心理健康情况，高校辅导员也存在心理咨询方面理论知识薄弱和心理学专业培训欠缺等问题。目前，高校辅导员在学生心理健康教育问题上还只是一个观察发现者和情感疏导员的角色，主要是对学生进行预防教育和简单的心理疏导。高校辅导员在平时的工作中应及时了解学生的心理动态，特别是要重点关注特殊群体学生的心理健康问题，增强大学生处理突发事件的能力受挫能力以及预防心理疾病的能力，配合学校专业的心理健康教育部门开展心理健康教育活动，辅导员学习心理辅导专业化是辅导员队伍建设的必然方向，这必然促使辅导员队伍走向专业化、专家化和职业化。

第二节　高校辅导员工作现状的改进

高校辅导员工作现状的改进主要指对高校辅导员的团队角色的有机组合、恰当扮演、适度调适、重新解构、形象塑造和动力激发等方式。高校辅导员胜任力呈现出易区分、能增强、会升级和善优化的实际效果。其实，把本意引申开来，包含有三层意思：其一，提升过程是辩证式的创新过程；其二，提升的对象可以是物质的、精神的、能动的；其三，提升的结果是一个量变与质变的有机耦合。通过多维、多层和多样的路径选择将高校辅导员潜在的内隐素质加以发掘。高校辅导员的表现由一般状态向绩优状态转化、由物质的需要向精神的追求升华。从而使得高校辅导员在具体的立德树人实践活动中发挥更大的难以替代的作用。

一、加强高校辅导员领导力的策略

领导力研究始于 20 世纪早期，历经数十年，已经产生了数以百计的领导力定义。当代的一些释义把领导力解读成基于共同目标、向着特定行动和变化迈进的关系过程。有学者认为，领导力是人们共同合作致力于完成积极变化的关系过程和道德过程，其优势领域主要包括执行、影响、关系建立和战略思考等。

通过高校辅导员领导力调查和实际工作情境观察发现影响辅导员领导力的主要因素在于辅导员职业化水平偏低、经验型特点比较突出、绩效评价与奖惩机制不健全等。因此，高校辅导员扮演好协调者、专家和监督者的角色显得十分必要。

（一）发挥协调者的领导和控制作用

协调者角色的战略领导和全局控制对于高校辅导员提升领导力至关重要。为了保持和提升领导力，辅导员的协调者角色要求其在工作中应具有前瞻性，要善于从长远、全局、可持续的角度来分析研究判断所遇到的各种问题，努力具备职业眼光、战略思维和全局胸怀。

当前，高校辅导员常常面临发展方向不明、职业倦怠、能力不足和脱离学生的问题，又因为学生工作的特殊性导致部分辅导员积极主动性退减、工作理念游离、愿景方向模糊。如某地方师范院校学工部原副部长所言："刚到学生工作部工作那一年，正值学校内部管理体制改革，实施学院大改革、专业大重组、岗位大调整，不少辅导员通过岗位竞聘、干部提拔等方式调整到新的岗位，从工作内容、工作对象到工作环节，整个学工系统面临全新的挑战。"

具体说来作为协调者的高校辅导员要力争个体优势最大化以提高团队的领导力和参与度。因此，不可忽视以下几点：一是提高自身的美誉度，美誉度是领导力的基础，辅导员要公平公正、严以律己、言行一致，培养和锻炼处事的艺术和魄力；二是提高运筹帷幄的全局视野与决策能力，辅导员要了解国际国内热点难点，熟知决策理论知识，遵循科学合理的决策程序，促进决策方法、决策技术、决策组织和决策制度的科学化；三是提高控制全局的能力，辅导员应成熟稳重、目标清晰、自信乐观，能够及时发现和纠正工作中的错漏或偏差善于激发团队成员的忠诚感和热情，不断增强辅导员的职业自信心和职业归属感。

（二）尊重专家的特殊地位

专家的特殊地位取决于其具有突出的技术能力和问题解决能力，《现代汉语词典》将其解释为"对某一门科学、学问进行专门研究的人"，也就是说，专家应能提出专业意见解决技术问题、做事专注投入和具有稀缺的知识和技术。此外，教育部提出："要统筹规划专职辅导员的发展，鼓励和支持一批骨干攻读相关学位和业务进修，长期从事辅导员工作，向职业化、专家化方向发展。"因此，要真正发挥出专家的特殊角色效能，高校辅导员既要超越知识局限性，又要向专业化发展，表现为：一方面，高校辅导员应自觉成为学习型的复合人才，不断地进行后续教育和自主学习，并在实践中不断提高；另一方面，专家角色亦要求高校辅导员具有客观的心态、清晰的思路、规范的程序、最佳的方案和有效的方法。这个观点，在实际调查研究过程中得到了受访高校和学生工作部门负责人的认同与支持。

（三）采纳监督者在决策和方向上的建议

监督者冷静理智、判断精确、善于解释和稳重可靠，有较强的战略性思想和辨识能力往往能注意到所有的选择。监督者与协调者和专家形成联盟，将能弥补"缺乏鼓励和激发他人"的能力短板。辅导员监督者角色的成功扮演，将有利于增强高校辅导员的领导力。

二、增强高校辅导员效能感的策略

（一）激发推进者的行动力

贝尔宾团队角色理论认为，推进者喜欢挑战、干劲十足、富有激情，拥有克服困难的能力和勇气，敢于向传统、向效率、向自我满足挑战，做事执着而专注，容不得低效率，喜欢带头干事并积极推动团队成员去行动，是整个团队的发动机。积极的推进者带动全院上下可以建立起了让学生参与教师课题、教师为学生提供参赛辅导等主动关心学生成长、帮助学生成才的浓厚氛围。但与此同时，推进者由于性情急躁、爱冲动、任性、好激起争端，稍有疏忽常常伤及他人的感情，这表现为：对胜利和成功有强烈的渴望，能够变压力为动力，会让团队在复杂环境中披荆斩棘地将事情推向前进；但也容易造成矛盾和冲突，给团队内部成员一种被驱使的不适感。因此，对于高校辅导员来说，在辅导员专业化、职业化的发展道路上，除了保持推进者变革与创新的态势，还要注意协调各方面的关系，争取得到更大的支持。

当然，要不断激发高校辅导员的行动力，推进者必须果断采取行动，善于发现和利用成员的力量，与时俱进地树立新目标，不折不扣地履行工作职责，始终保持积极作为的激情和态度。同时，严格遵循设计方案和办事流程，排除不相关事项，适时比较工作的效率与结果，以分享的姿态与团队成员充分高议。倡导"立即行动"的理念，厘清工作价值、内容和目标，努力增强推进者角色的行动力。

（二）确保完成者的维护能力

完成者的积极特征表现为勤奋有序、埋头苦干、尽职尽责、重时守纪、认真、有紧迫感；注重细节，善于寻找错误和疏忽；持之以恒，追求尽善尽美；善于制订计划，严格遵守程序行事。其消极特征主要有缺乏耐心，容易拘泥于细节，不爱放权和授权，显得不够潇洒与超脱。

三、改善高校辅导员适应性的策略

比德尔认为，适应意味着对某些行为模式的依从。有关适应的许多研究基于特殊传统境遇展开，有的反映了规范性适应思想，有的反映了内在化适应思想，有的反映了选择性适应思想。事实上，上述三种情形都能独自发挥作用，而比照于凝聚者、推进者和信息者之中皆因情境不同而出现变化。研究表明，辅导员在"培训""专兼职"上与适应性的关系显著，经过培训的辅导员和专职辅导员更胜一筹，学历不同的辅导员在适应性方面未完全呈正相关趋势，民办学校辅导员的适应性均值得分最低。当前，造成高校辅导员适应性不佳的问题主要表现在：辅导员的角色表达与环境文化聚合不力、辅导员攻坚与克难的持续动力不足、辅导员个体与外在环境的交互不够等。因此，提升辅导员适应性的关键在于积极改善其作为凝聚者、推进者和信息者的角色扮演。

（一）彰显凝聚者的聚合效应

凝聚者在团队里专注人际交往，团队合作性强，温和谦逊且善解人意，办事灵活，善于倾听，适应周围环境及人的能力较强，能化解矛盾和平息冲突。作为团队里内部信息的整合与沟通者，防止和抵消了由推进者和信息者偶尔引起的矛盾与摩擦。但在关键时刻有时缺乏果断决策能力，易受暗示。因此，高校辅导员要增强自身凝聚力，就要不断同其他成员良性互动，以激发团队成员的获得感、归属感与认同感。特别是凝聚者更要进入实际场域，仔细体察团队成员的所思所想所为，采取积极有效的办法消弭矛盾，促进辅导员团队和谐、高效地发展。

（二）保持推进者的持续动力

保持推进者的持续动力重在激发团队动力。在任何互动情境中，采用扮演团队内赋予的各种角色的方式进行沟通交流，也需要扮演好团队建设角色和任务执行角色。前者关注团队中的人，后者关注团队目标的完成。高校辅导员的推进者角色旨在参与团队运行的过程中总结和使用多种决策策略方式来提供相关信息和多样观点，使团队始终沿着任务的轨迹向前推进。与"效能感"提升中的推进者角色扮演不同的是，"适应性"维度的角色要求更强调攻防兼备，注重团队角色学习。目前，关于团队角色的学习无论是在理念认识上，还是在具体实务结合上都显得不够，大多是在为团队中的个人贴上角色的标签，这种单纯的角色辨识对团队绩效和辅导员胜任力的提高帮助不大。

由于个性等方面的差异，高校辅导员都有自己的角色偏好，而这种偏好又导致辅导员在人际沟通、认知风格等方面存在诸多差异。正确对待和缩小这样的差异，就必须重视高校辅导员的团队角色学习，而且是从发展性的视角进行更为深入的角色学习和角色探究。

具体地，高校辅导员在入职初期，主要是熟悉业务知识，锻炼基层组织管理能力，可能常常处在一定的领导职位。这时需要学会"站起来"说话和"沉下去"做事，眼界尽可能宽、接触的人尽可能多；在成型发展期，辅导员重在出思路、树品牌、善研究。只有这样，高校辅导员才能成为推进各项工作顺利进行的"发动机"。在我们对部分辅导员进行访谈时，也有辅导员持相同或相近观点。

（三）发挥信息者的资源调查作用

形象地来讲，信息者的主要性格特点是外向、热情且健谈，总是在寻找机会，好奇心重，求知欲强，喜欢主动接触他人，善于发现新机会，适合在团队中担任具有创造性的谈判专家。但往往过于乐观，且兴趣转移较快。信息者擅长发展外部联系，注意收集市场信息，获取外部资源和机会的能力突出。

实际上，高校辅导员的职责和任务明确要求其成为学生的"人生导师"和健康成长的"知心朋友"，通过教育、引导、关心和帮助学生，达到"零距离产生凝聚力"的育人效果。这就要求高校辅导员作为信息者既要确保信息的准确性、适用性和及时性，又要对获取的第一手信息资料经过思维、判断和推理，去粗取精、去伪存真、科学遴选、快速传递，不断明确资源调查的方向和渠道，努力追寻事物的发展趋势和实质，把党和国家的政策、举措和要求不折不扣地传递给其他团队成员，从而增强高校辅导员的适应性。

四、提高高校辅导员创新性的策略

创新的本意包含发现和发明创造。在熊彼特 1912 年出版的德文版《经济发展理论》一书中"创新"一词首次被使用。一般说来，创新包含着以下几个方面的主要内容：对现有事物进行某种创造性的改造；人的创造性劳动及其价值的体现；人们能动地开展富有一定价值的首创性活动；创造出与已有事物不同的新技术、新产品、新观念；能适应组织或环境变化带来的挑战；产生和接纳新思想、新的产品和新的服务；发明和开发新的结合；将新的观念和方法付诸实践。时下，培养创新型人才已经成为高等教育创新的重要战略任务。在新的历史阶段，我国高等教育的主要任务是为知识和技术的创新提供人力资源支持，高校和高校辅导员责无旁贷地肩负着这样的重任。

本研究得到的结果中让人颇感意外的是辅导员创新性在"绩效""学历"上表现不显著，表明被试辅导员主动学习的态度和角色学习的效果不理想，这与现实中有的辅导员创新意识和创新思维不强，没有真正形成系统的知识体系和过硬的技术能力是互为印证的。因此，高校辅导员理应在承担创新者和专家的角色中不断激发推陈出新的内驱力。

（一）凸显创新者的引领作用

创新者常常不受习惯或传统约束，知识渊博、才华横溢、富有想象力，善于解决疑难问题，具有开辟创新思路，能为团队带来突破性的观点和思想。但人际沟通技巧欠佳，容易沉浸在自己关注的领域而忽略了细节和流程。创新者的思维能力和智力水平是由"脑袋"所决定的。智力水平可以通过不断地创新学习和亲身实践来提高。

（二）力争专家的智力支持

专家最核心的价值就是能为团队提供知识和技术。实证主义者认为知识是主体对客体的认识，具有客观性、因果性、规律性和确定性。对知识的认识必须建立在经验的基础上，必须得到客观现实的证实。后实证主义者同样认为，"知识"是主体对客体的反映。但是具有复杂、多元和动态的特征，不可能完全地、正确地展现出来。辅导员的道德、精神是非常重要的，直接影响着他们的专业发展。要实现这一目标，必须提高准入要求，厘清专业层次、突出事业价值，建立起科学有效的选拔、培养、管理和发展机制。

五、提升高校辅导员执行力的策略

执行力简而言之就是在已有的战略愿景下，团队成员排除各种干扰，利用已有资源，整合协调，设计出可行路径，并通过具体的执行措施达成组织或团队愿景的效力。

简单来说执行力就是行动力，包含完成任务的意愿、能力和程度。提升高校辅导员执行力的关键在于透过制度、体系和文化等规范及引导辅导员的行为。对辅导员执行力影响最大的是资源整合，这说明资源整合能够有效影响执行力。可见，提升高校辅导员执行力，一定要重视"实干家"和"完成者"的角色改善。

（一）发挥实干家的中坚作用

实干家具有务实可靠、忠于团队，组织能力强、注重实践经验、工作勤奋、有自我约束能力，能有序地解决问题，善于把理念、想法和决策体现为明确具体的任务等积极特征。但又有些缺乏灵活性，对新事物的敏锐性显得迟钝一些。提倡实干主要有两层基本含义：一是有方向，不争论、埋头干；二是行胜于言，事实胜于雄辩。高校辅导员履行实干家角色首先需要明晰工作边界，清楚工作内容，知道工作目标，善于将任务分解为具体的可操作步骤，做到统筹、规划、分配和执行相统一。在实际工作中坚持既定的计划或方案，努力排除干扰因素的影响，注重细节、直面问题、盈科后进、善始善终，不忽视细小的瑕疵或失误，以乐观正向的态度与团队成员齐头并进。

（二）实现完成者的角色扮演

完成者的特征本章前面已做描述。完成者具有对工作做到恒心无变，且追求尽善尽美，不拘泥于局部或细微等特点。其主要职责在于制订周密详细的计划，确保团队工作的顺利进行。具体地，就是要遵循"5W"法则，即：做什么、重点做什么、现在做什么；谁授权、谁执行、谁监督、谁配合、谁激励；何时开始、何时跟进、何时完成；制定目标、夯实过程、期待结果、渠道拓展、路径有效；职业选择、岗位选择、事业选择的价值与意义。

对于高校辅导员来讲，完成者角色的充分表达建立在自我角色科学定位的基础上，协调角色冲突、实现角色转换和角色适应，不断由事务型向学习型、经验型向科研型、被动适应型向主动创造型、权威型向对话型、易耗型向高效型转换。换句话说，就是要身体力行、身先士卒，做到既要埋头拉车，也要抬头看路。只有真正走入了学生的内心世界，才能了解学生的所思、所感、所悟；只有切实贴近学生的学习生活、走进学生能力训练场域，才能使得高校辅导员扎实推进立德树人的各项计划及要求，从而更好地为大学生的成长成才提供优质服务。

第三节 高校辅导员培养措施

一、构建职前的专业培养方案

(一)专业培养方案的研究与制定

伴随近些年对高校辅导员深入的研究和实践,高校辅导员专业的培养体系也日益完善。当我们从专业建设的层面来看,高校辅导员的专业建设可以从思想本质、专业知识、专业能力、组织构建、心理培养以及疏导等方面进行审视;高校辅导员队伍的建设体系中包括了五个子系统,分别是:专业知识和技能、专业道德、专业职责以及专业管理;从宏观视角看高校辅导员队伍的建设,可以从学科建设、管理机构、队伍培养、评价体系等方面进行;高校辅导员队伍专业化建设的制度设计可以从职业定位、专业学位、基地建设、职位晋升等方面进行。这些研究的既有成果为我们进行辅导员专业化培养体系方面的研究提供了基础,对后面的研究也有指导意义。

但是,在实际中的高校辅导员发展中所出现的问题一直没有被解决。这也是我们在本次研究中所要重点关注的问题。我们在研究高校辅导员专业培养方案的制定时,对于在教师专业发展的基础上对辅导员专业化的内涵解释观点是认可的——当下对于教师专业领域的知识和专业技能的掌握是十分重视的,并且认可制约教师的专业能力发展的原因是学科内容的专业知识。比如,心理学、教育学、管理学等学科内容和专业技能。这些学科的专业知识就是教师专业程度所保障的事物,这些专业知识和技能的熟练程度还包含了实践所积累的经验。高校教师所掌握的实践性知识有以下几个方面:第一,实践性知识是一种存在于情境之中的经验性知识,具备鲜活、灵巧的特点,缺乏理论性知识的严密性和普遍性;第二,实践性知识本质是一种"案例知识"的传承；第三，实践性知识是多个学科知识的综合，其核心目的是解决实践问题；第四，实践性知识是隐性的；第五，实践性知识是个体风格非常明显的知识。

现代高等教育想要建立一支专业化的高校辅导员队伍，需要针对实际的教学情况，对于选聘、培养、管理、职位晋升等制度做出科学性完善，最重要的就是知识基础的问题，也就是在专业的岗位上使用专业的人员。高校辅导员的专业学科建设影响着高校辅导员的发展，辅导员的学科建设是培养辅导员专业能力、道德素养、理想信念、实践能力和爱岗敬业的关键一环，也是实现高校辅导员队伍专业化的必要方式。

对发达国家的高校事务管理制度和培养机制研究发现，在发达国家想要进入高校进行学生管理方面的工作需要教师拥有诸如心理咨询、学生事务管理、职业指导、学生发展等方面的硕士学位作为基础，而且其中很多国家还设置了与高校学生事务管理相关的博士学位。例如，在美国的很多高校中，从事学生事务管理的从业人员绝大部分都是专业人员，他们基本都具有心理咨询、学生事务管理、职业指导等学科的硕士学位，有些从业人员甚至具有心理学、法学、医学等学科的博士学位。我国已经有一些研究人员和学者提出了建立"高起点"的专业制度，这样的观念正好与本研究所提出的在教育学学科门类中建立以硕士为起点的高等教育学专业的结论十分相似。

高校辅导员学科的基本内容是培养辅导员、设置专业课程。如大学生的思想政治教育、职业规划发展、公共关系、高等教育理论、心理健康教育、管理学基础以及社会学理论等都是培养高校辅导员需要设置的学科与课

（二）培养要求

1. 理论要求

学习马列主义、毛泽东思想和邓小平理论，正确认识国内外形势，正确理解和宣传党和国家的重大方针、政策；具有坚定的政治方向、热爱教育事业；具有良好的师德；具有良好的协作精神；有独立思考、理论联系实际、实事求是的科学态度和优良作风。

2. 业务培养要求

（1）掌握教育学基本原理及现代教育管理理念，懂得教育规律并具备自觉运用教育规律处理问题的意识与能力。

（2）了解教育对象的身心发展特点，掌握科学的教育方法和教育手段，具备一定的教育才能和教育管理才能以及教育研究的能力。

（3）掌握心理健康咨询辅导的方法，有能力独立承担高校的学生心理指导工作。具有良好的个性心理品质和审美情趣，形成健全的人格和良好的道德修养。

（4）掌握大学生就业指导、党团建设指导的方法，能够承担大学生党团建设、实习、就业等的指导工作。

（5）具有健康的体魄，掌握科学锻炼身体的基本方法和技能；有良好的体育锻炼和卫生习惯，达到国家规定的锻炼标准。

（6）掌握一门外语，或达到大学英语四级以上水平；熟练掌握计算机操作知识，通过全国计算机二级考试。

3. 授予学位

完成规定学分，并通过毕业论文答辩，授予教育学硕士学位。

二、完善在职的持续培训体系

布雷德森曾经在《为学习而设计》中提到专业发展需要新的思维，布雷德森认为是专业发展需要的理念变革是非常困难的变革。高校辅导员的专业发展受到了很多人的支持，但是辅导员的专业发展是一种动态、持续的发展过程，不但需要其能够快速适应不断转变的时局变化，还需要始终保持与学生的发展相契合，这就要求辅导员能够不断提升自我，通过培训不断提高自身的综合素质。当然，这也需要培训的体系能够与时俱进、不断完善，建立一整套与辅导员发展相适应的培训制度，能够全面开发辅导员的潜力与智能，为学生辅导工作提供支撑。

（一）培训内容要实用化

传统的高校辅导员培训主要依靠老人带新人的培训方式，通常情况下是由老人将自行摸索的工作经验传授给新人，这种培训方式比较随性、简单，缺乏管理性、计划性和体系。在当前，很多新上岗的高校辅导员是经验不足的年轻人，这些辅导员的经验阅历还比较浅薄，辅导员的工作经验和相关知识的储备还不够充足，距离现代学生事务管理和发展的需求还有不小的差距，因此我国需要建立一套科学、有效的辅导员专业发展培训体系应对这一现象。这一特定类型的高等教育教师，其业务内容与其他教师是有很大区别，辅导员不能像专业教师那样将现有的专业知识直接传授给学生，具体工作难以量化。

尽管专业的学习让辅导员具备了相当程度的专业和应用知识储备，一旦与学生工作实际接轨后，因学生专业的不同、校园文化的差异、社会发展变化等因素，又都会使辅导员在工作中出现各种不适应的情况。针对新入职的辅导员的培训在一定程度上解决了新任辅导员的岗前适应性问题，很受新任辅导员欢迎。对已经进入岗位一段时间的老辅导员来说，培训也同样重要。要通过设置专门的机构及构建终身专业训练体系，全面地对辅导员进行科学的管理和培养，使他们更有效地履行辅导员的职责。入职前的培养和培训，以获得"高等教育辅导员教师"的资格证书为标志。进入工作岗位以后，应着重在工作中开展相关业务内容的培训，立足工作任务，设计指导性、实用性、针对性强的培训内容。

（二）培训形式要多样化

辅导员培训在现实工作中可能还是说起来重要，做起来次要的工作。时代在发展，未来不会是过去的重复。培训也可以理解为是对辅导员接受教育后还要不断接受再教育的过程，这里面临的最大问题是如何将理论性的知识向实践性的知识转化。两者转化的方式通常有这样一些做法：同事相互指导、案例教学方法等，目的是使实践智慧得到不断提升。从辅导员发展内涵的角度来看，行政干预不是起决定作用的因素，但在中国，专业的行业组织对高校辅导员的发展起到的推动作用不可忽视。这其中便包括政府组织对高校辅导员专业发展制定的一系列相关政策与规划，另外，政府组织和社会组织搭建的职业发展平台以及制定的保障制度也会产生积极的影响。教育部颁布的 "16号文件"❶ 中便提到了高校辅导员专业发展的培训计划，这其中包括建设培训基地、培训辅导员骨干力量、建设辅导员专业队伍等。这一系列的举措都是在全国层面组织推动高校辅导员专业的发展。各省市进一步采取的具体措施与办法便是从省级层面进行形式多样的组织推动，促进辅导员之间的学习和交流，再开设辅导员网络论坛，设立辅导员专项科研课题。

---

❶ 中共中央，国务院. 《关于进一步加强和改进大学生思想政治教育的意见》. 2004年10月.

第三章　中西方高校辅导员工作差异

第一节　中西方高校辅导员工作案例对比分析

一、中国大学生日常事务管理概述

在当前时代，教育的主体已经转变为学生，但是我们一直要坚持以马克思列宁主义、毛泽东思想、邓小平理论、"三个代表"重要思想、习近平新时代中国特色社会主义思想、科学发展观为指导思想，坚决贯彻中国共产党的规划政策，贯彻落实科学发展观，积极适应国内外形势的变化，以满足各族人民过上幸福生活的愿望为己任，坚持在学生教育中贯彻科学进步和创新理念，对科教兴国和人才强国战略进行深层次认识并认真落实，将科技是第一生产力和人才是第一资源的作用充分发挥出来，提高现代教育水平、扩大创新人才队伍、积极推动科技发展、加快中华民族伟大复兴的步伐。所以，高校辅导员要在教育中秉承"以人为本"的理念对大学生进行日常事务的系统管理。

（一）大学生日常事务管理的含义

在高校的管理系统之中，大学生的日常事务管理是非常重要的一环，大学生日常事务的管理水平高低能够直接关系高校能否培养出高素质的人才。对学生日常事务管理工作的内容、意义以及目的进行研究是为了推动高校教育的科学化、合理化、系统化、现代化与规范化。因此，我们需要先对学生日常事务管理有正确的认识，大学生日常事务管理具备两方面的性质：

第一，大学生日常事务管理的内容较为复杂、相关事项较多。大学生日常事务管理是学校管理系统中不可缺少的一环，与大学生的日常生活和学习的各个方面都有着密切的关系，其中包括：大学生入学教育、思想政治教育管理、纪律管理、公寓管理、班级管理、奖惩制度、国家助学贷款管理、道德素质教育、理想信念培养、民族精神教育、就业指导、专业技能实践教育、创新性培养等。即便大学生日常事务管理内容繁多，但是它们都具有整体性、目的性等相同的特征。

第二，学生是学生日常事务管理的客体，学校是学生日常事务管理的主体，在一些特定的情况下，两者的关系是可以发生转换的。这表示学生不仅是学生日常事务管理中的客体，在一定特定的情形下也可以成为学校事务管理的参与者，学生在参与管理学校事务的过程中，学生作为主体的性质也在不断提升。因此，如果我们从这个角度来看，学生需要在学生日常事务管理之中积极发挥自我管理的主体作用，提升自我管理能力。

（二）大学生日常事务管理的目的和意义

大学生日常事务管理在不同的时期虽然其内容、目的与意义有着微小的差别，但是从总体来看，其根本目的和意义还是有所继承发展的。

1. 大学生日常事务管理的目的

在高校中，为学生服务是大学生日常事务管理的核心宗旨，其目的就是培养大学生的良好学习习惯、生活态度以及道德素养，引导大学生树立自强不息、艰苦朴素的精神品质，塑造一个舒适、文明、和谐的校园环境帮助大学生健康成长。

以往的高校对于大学生的日常事务都是采取强制性管理，但是在当今时代再继续使用强制性管理已经不符合国家、社会以及教育的需求，也不利于学生主体的构建。高校辅导员需要培养大学生的自我管理能力和意识，培养学生的创新能力。

2. 大学生日常事务管理的意义

对于大学生日常事务管理而言，在不同的角度，其意义会有不同的体现，所以，大学生日常事务管理的意义并非是单一的。

从学生的角度来看，大学生日常事务管理能够促进学生的健康成长，帮助学生进行全面的发展。科学、合理以及有效的大学生日常事务管理能够塑造出有利于学生健康成长的学习环境，特别是对于身处在多元文化的大学生而言，能够引导他们积极、健康成长，起到良好的指引作用。制定合理、科学、有效的规章制度能够让学生明确知道自己该做什么，不该做什么。学生在规章制度下能够培养自我管理能力，养成优秀的道德品质，学会如何实现自我管理、自我教育，培养自身的自律、自强、自立和自治。

从教学的角度来看，大学生日常事务管理所包括的所有项目都是为了教育教学而服务的。科学、合理、有效的大学生日常事务管理能够营造出良好的校园氛围和保障大学生的校园生活秩序，为学科教育的展开提供了保障。同时，大学生日常事务管理能够帮助学生养成良好的生活习惯、学习习惯以及提高学科教学质量。因此，我们可以说科学、合理、有效的大学生事务管理能够保障高校教学的正常展开，是高校达成教育目标的基础之一。

从社会的角度来看，高等院校也是社会组织之一，与社会是无法分割的。所以，大学生日常事务管理对于社会也会起到一定的作用，它是学生个体社会化的重要途径之一。大学生日常事务管理中的各项规章制度都是根据的社会的需求和要求所制定的，高校辅导员需要展开各种活动将社会所允许传达的各种知识和价值观取向以及行为规范传达给学生，避免学生形成不良好的行为习惯和思想观念。对于社会而言，保障学生的健康成长有着非凡的意义。

（三）大学生日常事务管理的基本原则

高校的大学生日常事务管理工作是一项极为复杂的系统，所以，高校辅导员在实施大学生日常事务管理的过程中需要遵守相关的原则才能够确保实施的有效性。想要管理好学生的日常事务，不仅需要教师去了解学生、尊重学生，持有正确、科学的学生观，还需要在高校中构建科学、合理、有效的学生日常事务管理制度和组织，以保障大学生日常事务管理的工作的顺利开展。

1. 了解和尊重学生

学校所管理的主要对象是学生，所以，高校辅导员的首要工作就是对学生进行了解，高校辅导员需要在学生的校园生活中了解到学生的心理状态、思想观念、生活习性等，这也是进行大学生日常事务管理工作的基础。

2. 科学的学生观是日常事务管理的核心

高校辅导员对大学生的认知和观念就是学生观，它对于高校辅导员在大学生日常事务管理工作中的教育行为以及高校辅导员在校园生活中与学生进行交流时的工作方式与工作态度起着决定性的影响。不同的高校辅导员拥有不同的学生观，而不同的学生观代表着不同的工作方式，最终产生不同的教育成果。从历代高校辅导员的工作经历和实践成果的层面来看，我们可以将高校辅导员的学生观分为三种：

第一种是学生为被动客体的学生观。该学生观认为学生是被管辖的对象，对于学生态度是强制管理，并不在乎学生想法和兴趣，校园的管理者会制定一系列严格的管理制度对学生的行为规范进行约束。他们要求学生必要遵守校园的规章制度，对学生进行单向的命令式管理。这种学生观有利于培养学生的纪律性，能有让学生养成良好的集体意识，但是这也使得学生的自主意识、平等意识、个体意识被压制，对于培养学生的个性、创造力产生不利的影响。

第二种学生观重视学生作为独立个体的特性，强调学生的平等性，管理的主体是学生。该学生观强调以学生的想法和兴趣为重点，引导学生进行自主管理，制定的大学生日常事务管理工作政策也是以发展学生个性为革新。但是这种学生观培养出的学生缺乏良好的纪律性和集体意识，并且在管理的过程会出现管理者的作用和职责逐渐淡化的现象。

第三种学生观是将强两种学生观的优点整合起来，形成的一种科学、合理、有效的学生观。该学生观认为在大学生日常事务管理之中，学生同时拥有主体和客体两种身份。而管理者不仅需要制定一系列科学、合理、有效的管理制度规范学生的行为，引导学生养成良好的行为习惯，还需要塑造良好的学习环境引导学生能够主动进行教育工作的管理，最终使学生与教育者能够在良好的校园氛围之中进行良性互动。

3. 机构与制度建设是学生日常事务管理顺利进行的保证

大学生日常事务管理机构的组建可以从两个方面进行，分别是横向和纵向。在横向上，应该对社会、家庭、学校、教育机构之间的联系进行加强，组建一个能够联系教育系统和家庭以及社会的机构，让社会各界也能够参与到大学生日常事务管理工作之中；在纵向上，需要构建出一个由中央到地方再到各个学校的学生管理垂直体系。与此同时，大学生日常事务管理工作体系要不断发展、不断完善，大学生日常事务管理工作制度要明确管理机构的属性和职责、工作内容和权限等。还要规定学生学习、工作和生活等方面的制度，使学生的行为标准真正做到有据可依。

二、大学生日常事务管理的主要内容

高校辅导员是坚持中国特色社会主义教育方向，全方位贯彻党中央所制定的教育方针政策，培养出德、智、体、美、劳全方面发展的社会主义接班人和社会主义事业建设者的重要保障，是我国高等教育中不可或缺的中坚力量，也是高校展开思想政治教育工作的核心力量。高校辅导员对大学生日常事务管理工作的内容进行了解，能够帮助其成为更好的大学生日常管理的指导者、实施者以及组织者。

根据不同形式的大学生日常事务管理，我们可以将其内容划分成两种：学生常规管理和学生组织管理。学生常规管理中包括学习常规管理、生活常规管理以及心理健康管理等；学生组织管理包括社团管理、班级管理等。

根据学生日常事务管理的目的不同，我们可以将学生管理分为常规管理和常能训练两方面。常规管理也可以叫做静态管理，其中包括课堂常规管理、宿舍常规管理、图书馆阅读常规管理以及师生礼仪常规管理等，其目的是帮助学生养成良好的行为规范；常能训练指的是培养学生最基本的生活能力和活动能力，常能训练的目的是培养学生的自主管理能力和自理生活能力。

按学生日常事务管理的不同阶段，学生日常事务管理可分为新生入学管理、学生日常生活管理、思想道德教育、学生稳定性工作、毕业生教育、实践教育与科技创新、家访等，具体内容如下。

（一）新生入学管理

很多辅导员和老师很容易忽视对学生的新生入学管理，殊不知对新生入学教育的管理，能够为以后四年的学生日常事务管理起到很好的开头作用，甚至起到事半功倍的效果。新生入学管理主要包括学生入学教育、自我管理能力、国家助学贷款管理、特殊群体管理等几个方面。

1. 新生入学教育

当新生进入到大学之中就意味他们要开始进行独立的生活。为了能够让新生快速适应独立的大学生活，高校辅导员需要新生进行必要的入学教育。

第一，高校辅导员需要在新生入学的第一天进行新生教育会议。首先，辅导员要将学校所处地区的地理环境、气候特点以及人文环境介绍给新生，以便于对新生进行安全管理，提升新生的安全保障；其次，将学校规章制度和管理政策以及管理内容准确地传达给新生，为以后的教育教学工作奠定基础，以免新生在不知情的情况下触犯学校的规章制度遭受处罚，告知学生在校园要遵守规章制度才能够发展成综合型人才，顺利毕业；最后，高校辅导员还需要对学生强调学习问题，大学的学习与学生之前所接受的中小学教育不同，在大学学习中，自主学习占据了很大的比重，因此如果学生对于学习不够重视，没有自主学习能力，必定会无法取得良好的学习成绩，最终导致无法顺利毕业，所以辅导员要帮助学生树立正确的学习目标，引导学生对大学生活进行详细的规划。

第二，军训。军训是新生入学之后必须经历的重要一环。军训能够帮助大学生养成独立生活的能力和良好的集体意识，同时还能帮助大学生建立坚韧不拔的品质。

第三，开展"专业知识讲座""学习经验交流会"等活动。进行这种活动可以让学生快速对自己所学习的专业有正确的认识，让学生对学习的专业产生更浓厚的兴趣、增强学生的自主学习能力、培养学生与教师之间的关系、学习新的学习方式、建立良好的同学关系、提升学生自身的自我约束能力和自律意识同时确定班级干部，确认学生日常管理制度。

第四，组织一些竞赛、评比活动。竞赛、评比活动可以让新生充分认识遵纪守法、明礼诚信的重要性和必要性，使学生建立基本的纪律观、集体观、荣辱观。

2. 自我管理能力

现代高校教育的核心是对学生进行全面的素质教育。在教育的过程中，德育方面的教育极为重要。当前大学生的思想政治教育工作相较以前变得困难许多，很多学生的思想政治理论基础并不扎实，具备的基本能力较弱，并且比较容易受到外界不良风气的影响。有些不服管教的学生甚至对于教师的管理和学校的处罚不再重视，对于这种现象，高校辅导员需要进行以下工作。

第一，要练好自身的"内功"。想要良好的学生日常事务管理就需要先加强辅导员自身的综合能力，不断进行自身建设，以此来建设辅导员的学生心中的地位。辅导员在自身建设时需要先提升自身的道德修养，时刻规范自身的行为、言语，用自身为人处世的行为规范给学生树立典范。此外，辅导员还需要不断汲取新的知识来充实自身，做到取长补短。在日常的校园生活中仔细观察学生的行为举止，正确认识学生的思想和需求的变化。

第二，耐心教育、鼓励引导，提高学生自我教育能力。仅仅用学校的规章制度去处罚违纪的学生只是治标不治本。当然，高校所制定的规章制度、条例规范是必要，但是辅导员在日常生活对学生的引导、鼓励，帮助学生提升自我认知、自我管理能力、自我约束能力更加重要。当学生能够具备自我教育的能力，就代表辅导员的教育取得了成功。

第三，增强学生的自信心。在心理学上认为，一个人的信心是其取得成功的基础，而对一个人进行鼓励和赞扬是获取信息最好的方式。辅导员在进行教育时应当减少批评，多加赞扬和鼓励学生，要对学生多引导、多启发，既要对学生进行严格的要求，又要真正去关心的学生、爱护学生，但是，一旦学生犯错也不能迁就他们。

第四，引导学生"自管""自律"。要让学生进行自我教育、自我管理，帮助学生养成自我教育的能力。同时，引导学生自觉组织召开各种专题讨论班会。为了激发学生自我教育的动机，班中的大小事情基本由班干部去管，由学生自己处理。

3. 国家助学贷款管理

国家助学贷款是党中央、国务院在社会主义市场经济条件下，利用有效金融手段完善我国普通高校资助政策体系，加大对普通高校贫困家庭学生资助力度而采取的一项重大措施。

大学生在高校中想要受到良好的教育，就需要当前社会具备良好的经济基础，所以高校辅导员在日常的学生管理工作中要尤其注意特困生的情况，要对特困生的家庭情况、经济情况有切实的了解和掌握，要能够了解特困生是否有能力支付学费、住宿费等教育费用，并且对特困生的生活情况要进行充分的了解。对于家庭困难的学生，辅导员需要帮助他们申请国家助学贷款，利用国家对特困生的补助政策帮助学生的家庭减轻学费负担。

4. 特殊群体的管理

在对待一些特殊群体的时候，高校辅导员需要对他们的学习、生活、社交以及就业等方面的问题特别关注，对于他们的管理工作要特别加强。对于特殊群体的学生，要将心理辅导与人文关怀相互结合，让他们能够在高校生活中与其他学生相同。特殊群体的学生包括家庭经济困难的学生、网瘾学生、学习困难学生、就业困难学生以及心理疾病学生等。

高校辅导员需要在工作中争取做到"三个一"，为每一个学生建立一份档案、选定一名学习同伴、设计一份长期学习计划，针对不同的学生进行逐一教育，并对学生的信息进行保密。学校需要建立起一套科学、高效的信息化管理系统，对学生的信息进行录入，登记学生的学生卡，辅导员则负责审核学生的信息，这也是每个学期初必须做的工作。只有这样，高校和辅导员才能够对学生的基本信息有全面的了解，并且根据信息对学生进行实时动态跟踪。学校还可以运用大学生思想状况分析会这个工作平台，组织有关方面专家、领导、教师和辅导员定期分析特殊学生群体的思想状况，提高工作的针对性和有效性。

（二）思想道德教育

对于大学生而言，思想政治教育是其发展过程中的重要一环，能够促进大学生心理健康的成长，因此，加强大学生的思想政治教育是十分有必要的。高校对大学生的思想政治教育包括理想信念的教育、公民道德教育、公民素质教育以及民族精神教育。

1. 理想信念教育

理想信念教育指的是对大学生进行理论教育和实践教育，让大学生坚定社会主义和共产主义理想信念，引导大学生走向正确的成长道路。因为，理想信念能够决定一个人的成长方向和人生奋斗目标，能够不断为人们提供前进的动力和生活激情。理想信念能够将人们的精神生活进行统一，引导人们不断向着人生目标前进，并使人们能够追求更高的目标。所以，高校辅导员要不断加强大学生的理想信念教育。

在高校中，大学生处在理想信念的成型期。随着社会的飞速发展和全球化进程的深入，当前大学生正身处在多元文化和思想的冲击当中，这种强烈的冲击对于大学生活跃的思想、强烈的自尊意识以及渴望成才的欲望会产生极大的影响，如果不加以引导，很可能会导致大学生出现思想偏差，表现出过度追求物质生活的腐朽思想。另外，很多大学生由于是独生子女，普遍具有强烈的自尊心和良好的优越感，这导致了一部分大学生缺乏人际交往的经验和社会经验，使之会出现以自我成才为中心的趋势。最终导致大学生自我期望值过高而实际实现率过低和对环境要求过高而自己奉献过低两大矛盾的出现。

2. 公民道德教育

公民道德问题一直以来是政治和教育中的核心问题。一个健全稳定的民主社会除了要依赖基本社会结构的公正性以外，公众的素质和态度以及行为能力也具有重要的意义。因此，培养公民道德感和认同感的公民教育对社会的和谐和国家的稳定具有重要意义。

目前我国高校之中的大学生思想道德教育不可避免地出现了一些问题，这些问题主要包括：一是相比以前的大学生，当前的大学生更加重视自己利益，集体意识减弱；二是当前大学生在提升自我的过程中具备了较强的功利性；三是当前大学生对于他人和集体的责任感在逐渐缺失，有明显自我为中心趋向；四是对于大学生的行为规范和素质品德教育，高校辅导员没有形成完整的系统；五是目前我国高校系统尚不完善，辅导员服务意识和平等意识还有些欠缺，这对于大学生形成良好的道德素养会产生不利的影响。

3. 民族精神的教育

国家和民族想要生存和发展，民族精神是必不可少的灵魂和核心。民族精神更是一个民族和国家在经历众多历史事件之后所沉淀下的优秀思想、高尚品格以及坚定品质。它能够将国家和民族的人民群众的力量凝聚在一起，向外国展示自身的民族形象。一旦缺乏了民族精神，就等于失去了高尚的精神和富有生命力的品格，这样的民族是无法长久立足于世界之林的。中国在长达五千年的发展历程之中形成了以爱国主义为核心的民族精神，中华民族的人民不仅勤劳勇敢、自强不息，更是具有团结统一、爱好和平的良好品质。

在现代高校教育之中，培养、传承、发扬中华民族精神是一种新的爱国教育形式，也是不断推动高校发展的动力之一。对于中华民族的伟大复星而言，在高校之中培养、传承、发扬中华民族精神是极为重要的。所以，高校辅导员需要将课堂这个教学活动的主要场所充分利用，塑造一个良好的校园文化，让大学生能够在爱国主义的氛围中接受教育，提升学生的爱国热情，引导学生树立爱国、报国的崇高志向，为中华民族伟大复兴培养出综合素质出众的人才。民族精神教育要坚持以人为本，使大学生成为弘扬和培育民族精神的模范。

三、西方国家高校学生事务管理

不同国家的政策、制度与实际情况有着很大的差异，因此不同国家的高校管理制度和学生事务管理制度也不同，但是我们能够对各个国家的制度进行整合和总结，从其中汲取优点和先进的思想。

古希腊教育和古罗马教育是西方古代教育的典型，而雅典大学则是古希腊教育的发源地。中世纪大学所秉承的制度不仅没有被欧美国家所抛弃，反而成为近代欧美大学发展的基础，经过几个世纪的不断发展，这些制度逐渐发展成为现代欧美国家所使用的制度。

西方国家的教育模式与我国的教育模式有很大差别，使用的是通识教育。所谓通识教育指的就是让学生认识和了解知识的普遍和广泛意义，从而在自己的内心之中产生统一认识的世界观，再对学生的理性和感性均衡培养，最终让学生成为拥有完善人格的人才，使其能够在踏入社会面对问题时，拥有独立解决问题、独立生存的能力，是培养学生道德修养、政治修养、生存能力等全方面修养的具体教育形式。美国大学的本科教育在19世纪后期便统一使用通识教育。

（一）入学与毕业

西方高等教育之中的一大特点就是"宽进严出"，这种教育的使得即便是一个成绩中下等的高中生也能够有机会考入一流大学，但是大学在第一年就会淘汰 60%以上的学生。在美国，大学都是用学分来评判一个学生的成绩，学分制度中包括学期制和学季制，其中以学期制较为常见。学期制将一个学年分为三个学期，每个学期共分为十五周，每周上课一小时便可得 1 个学分。在本国上完高中并获得高中文凭后且继续在本国上完四年制以上的大学本科并获得文凭，即有资格申请进入美国大学研究生院学习。

西方的教育考核制度由三部分组成，平时成绩（课堂小考、单元考试等）占据 70%，课程设计占据 20%，期末成绩占据 10%，而课程设计则是根据学科的需要而定。

这个课程设计与演讲、论文、海报（Poster）等有着异曲同工之妙，这就是所谓创新教育的精髓，因为完成这些课程设计就是真正的活学活用。

（二）思想观念教育

西方教育者注重价值观的塑造和批判思维的培养，主张用理智的思维判断事物。

通识课程的重点并不是"识"，而是对大学生进行引导，从而使他们可以塑造正确的价值观、人生观以及世界观。在美国的许多高校，课程的设置都是多元化的，学生除了要学习基础的必修课之外，还可以自由选择自己感兴趣的选修课，这使得每个学生都能够将自身的特长充分发挥出来。这种选修课使得美国大学生拥有很多实践和动手的机会，其课程设置也并不是局限在教室。高校希望用这种教学方式扩充学生的视野，增加学生的社会实践能力，引导学生的价值观形成。

（三）教学方式

西方的教学方式十分灵活，西方教育者从学生兴趣着手，课外举办各种各样的活动，从而开发学生潜能，课内为学生设置妙趣横生的课程，培养专业人才。

1. 课外活动西方教育更重视人在兴趣上的培养

西方高等院校会设计和开展丰富的课余活动，学生有时候的课程会很少。学校会开展能够培养学生能力和良好心理素质的课余活动，也会引导学生自身组织类似的活动，以此培养学生的领导能力。即便这些课余活动并不是学校的正式课程，但是它们更加自由、更加激烈也更加个性化，因此能够给学生留下比正式课程更加深刻的印象。课余活动的种类十分多样，如益智类的象棋、围棋等；如竞技类的羽毛球、篮球、橄榄球等；如人文类的社区福利活动、哲学研究等。

德国人认为最重要的是人的兴趣，他们始终认为人只有在进行自己最喜欢的活动时才是最开心的，才能够找到乐趣并取得成功。他们认为社交达人、会外语、会家务、会跳舞、会电脑等中的每一项都能够成为学生之后的发展的重要资本。

美国的教育认为最重要在于将学生培养成综合型的人才，他们鼓励学生多方位的发展，希望学生能够发挥出自己的特长，允许学生自己选择发展方向。如果一个学生拥有园艺的天赋，就要将其培养成出色的园艺师。美国强调因材施教。

当然，大学生活不仅仅是课外活动，学生还要顾及学业，社团活动与学习之间需要保持平衡。只有在两者间取得巧妙的平衡，大学生活才更丰富、更有益。

（1）课内教学中西方教育者重视体育、绘画、音乐，主张至少会一种乐器，从而培养学生的创新能力。这些内容不就是文艺复兴时期所重视的吗？因此，这种习惯已经成为西方的一种传统方法。在西方教育者看来，这种教育方式能够促进孩子想象力的形成，能够赋予教育更多的灵活性。有些西方国家的高校还为大学生设置了许多创意十足、趣味横生的课程，这正体现了寓教于乐。

第一，学生部门。该部门负责整体学生的活动组织，共分为五个部分，分别是四个年级以及学生主体。每个部门都设置有主席、副主席、秘书、会计等职务。各年级负责自己年级的活动组织，学生主体作为统筹者负责整体学生的活动。学生主体部门的成员要由全校的学生投票进行选择，这与中国的学生会极为类似。学生部门的组织活动的费用来源是学生自己在校园内进行工作赚取的。比如，高校领导购买商品之后交由学生部门进行校内售卖，售卖所得的利润交给各年级学生部门进行财务管理；学生还可以自行印制印有学校标志的产品进行售卖或者举办一系列活动收取门票。另外，学生还可以在学校举办舞会时卖门票、食品、礼物等。学生部门利用赚得的经费组织活动。例如，学生部门每个月都会举办一次感谢老师们的活动，活动中学生会送给老师们卡片和糖果，或是一些可爱的文具，值得一提的是，学生部门会在教室里或者操场上为老师们准备隆重而丰盛的午餐会，以感谢老师们辛勤的教学。学生部门举办的活动很多，如每学年有一次正式舞会；每学期有一次午餐庆祝会和一次学生会议；某些时候还举行才艺表演，选出优胜者并颁奖等。

第二，校报。学生可以在该课程中学习编辑、印花、出版报纸。校报是学生的作品，倾注了学生的心血。普通校报通常是一个月一期，校报的内容十分广泛，但是以校园事件为主。

第三，学校年度纪念册。这门学科的学生要准备好在一个学年结束后的年度纪念册，并要售卖给学生。通常情况下，学生要进行分工，有些学生要在校园内拍摄照片，有些学生负责用电脑制作，有些学生负责收集校园事件、有些学生负责美术设计。

第四，陶艺课。学习这门课程的学生要从捏黏土开始学起，自己可以对样式进行设计，然后等作品晾干后再由教师进行统一的烧制，烧制之后由学生进行上釉色，再烧制一次。学生在捏黏土的时候可以使用转轮塑形。陶瓷课能够帮助学生陶冶情操，同时提升自身的文化修养。

（2）西方教育极为强调学生在教育活动中的地位，他们觉得学生是教育活动的核心，教师主要是起到引导的作用。他们倡导建立学习共同体。西方教育向来提倡学生自主构建自己的知识体系，教师不应该只是向学生传递知识。学生要成为知识体系构建的主体，而不是成为一个只会吸收知识的对象。因此，创建学习共同体被西方教育一直提倡。

2. 培养自学能力和探索能力

人文思想是西方教育展开的基础，西方教育鼓励学生从小便开始培养自己的实践能力和问题分析能力，鼓励学生进行自由思考，对自身的言行负责。西方教育的重点在于培养学生的自主学习能力，引导学生进行自主思考，独立能力。用中国的一句古语形成就是"授人以鱼不如授人以渔"。如果学生产生疑问，教师并不会直接告诉学生答案，而是指引学生去图书馆先试图自己解决问题，让学生进行自主的思考，不对其进行过多的干扰。西方教育倡导学生自己选择课程，有必修课和选修课。教学方法也会根据每种课程的差异而有所不同。比如，美术课以实践为主，历史课以写作为主，法语课以会话为主。

英国的很多大学都没有设置统一的教材，因此学生也没有固定的学习资料，学习资料就是图书馆的书。教师会根据以最近的社会发展需求和最有前途的发展形势展开教学。除去固定的课堂和讲座之外，教师还有组织非正式的小组学习，并引导学生在学习小组中畅所欲言，提出自己的意见和问题，这在当时是一个非常新颖的教学方式和学习形式。在英国，大学的考试并不多，但是会要求学生进行大量的课程设计，以此来锻炼学生的演讲能力和动手能力。在这种教育方式之下，学生对于学科知识的掌握十分娴熟，并且能够培养出分析问题、解决问题的能力，能够很好地提升学生的专业能力。这些能力也恰好是社会所需要的能力。

我国的教师在上物理、化学课时通常情况下都会先将公式和定理传授给学生，然后再组织学生进行实验。但是，在法国，教师在上课时是不会先传授知识的，而是先进行实验，让学生观察实验后自己发展定理或是推导出公式。这种教学形式被称为探索式教学，而探索式教学不仅能够帮助学生对知识有更深入的掌握，还方面之后展开研讨课。学生不必从书籍和论文中抄袭拼凑观点，理论联系实际更贴近真理，有利于从多学科的角度全面长远地解决现实问题。

（四）宿舍辅导

通识教育也会受到学生宿舍分配的影响。很多高校的学生宿舍是将所有学生打乱随机分配，不同专业的学生会分配到同一个宿舍，这样做的主要目的就是想要大学生在宿舍生活中可以交流不同专业的知识，扩充自己的学识，这样在无形之中就提升了学生在其他学科的知识。

每个高校的宿舍辅导并不相同，有些学校使用的是宿舍导师，耶鲁大学、哈佛大学，还有一些教会性质的大学，如圣母大学。这些大学的宿舍导师有责任监察和管理宿舍学生的学习进度，有些宿舍导师会组织"宿舍研习课"等活动，如哈佛大学。另外，还有一些高校会设置宿舍的舍监，舍监只负责宿舍内学生是否按照规定的制度进行校园生活，并没有辅导员的其他辅导作用。

（五）服务学习与社会实践

在西方教育中，很多学者认为大学教育比课程更有价值，大学教育不仅包括了学生的学习生活，还包括了教师与教育工作者的许多复杂经历。它以人与人之间的关系作为基础，一些正式的关系是由学术性课程产生；一些非正式的关系是由课外活动或是社区经历产生。所以，社会实践活动的教育意义要比课堂教育的意义更大。

让学生多参与实践活动和社区服务学习，快速融入社会环境，将教学活动与有意义的社区活动相互结合，丰富学生的学习经历，提升学生的综合能力，强化学生的社会责任感，提升学生的团队凝聚力。学生能够从社区服务和实践活动中收获到东西远比课堂中的多。事实证明，学生将课堂知识和社会结合之后，他们拥有了更加强烈的社会责任感。此外，服务学习还能够让学生发现在课堂中无法发现的问题，让学生能够快速捕捉到信息，快速提升学生的吸收知识能力和实践经验，这也为学生毕业之后的工作中奠定了基础。

德国有些大学的课程只有半天，而实践却是全天。在德国，学生在高中二年级就被要求选择与职后职业有关系的实践活动，这也让学生能够更好地了解社会、了解自己以后的职业。在实践活动结束之后还需要出具实习鉴定，实习鉴定在德国是上大学和就业的必需材料，影响着学生进入大学和今后的职业发展。

（六）师生关系

在西方的高校中，教师与学生的关系更加像朋友之间的关系，而不是长辈与晚辈的关系。教育与学生之间会相互称呼对方的姓名或绰号，而这种两者平等的关系是比中国传统的师徒关系具有优势。这种关系的优点在于，师生之间能够坦诚相处、交谈自然、言语较为自由，在沟通时没有太多的顾忌。这有助于两者学科与知识的探究。由此，我们能够看出西方教育中也是秉承着人人平等理念，师生关系之间的平等的，推崇学术自由的理念。

西方大学中实施的是导师制度，教师的指导范围并不局限于某一学科，有时候教师也是学生的人生导师。学科授课教师不仅在课堂上传授学生学科知识，在课外更是对学生的生活更加关注，这对于教师也学生而言都是非常珍贵的人生经历。教师还能够帮助学生进行社交，为学生营造出良好的学习环境和人际关系网。学习共同体和导师制帮助学生与教师营造更良好的师生关系，让教师与学生之间有更多的相处时间，加深彼此之间的了解。

在西方发达国家中，最为经典的高校教育理念就是学术自由，这同时也是西方高校教育中最核心的部分。很多人在讨论西方高等教育的特点时，都会提到西方高等教育的学术自由理念。但是在我国，很多学者和专家虽然也在倡导学术自由，但是对于学术自由所表达的本质是什么都不清楚，甚至有些时候，学术自由已经沦为了一种呼吁、一种无奈的口号。

此外，学术自由还能够培养学生的发散性思维，而学生的发散性思维得到扩散还能够促进教师的教学思路。教师能够将学生放在平等的位置上进行交流，教师与学生之间的良好关系能够对教学工作的开展起到积极的作用。

四、中西方高校学生事务管理的案例分析

当我们站在世界的层面，我们就能发现辅导员制度并不是中国所独有的。高等教育的功能具备客观性，而高校的核心功能就是促进人的成长的发展。中国为了实现高等教育的育人目的设置了高校辅导员这一职位，而在国外也有很多类似的高校设置了育人制度，差异仅仅在于称谓和工作的组织形式不同。中国和西方一般将引导学生发展、满足学生需求所制定的学生管理制度称为学生事务管理。在很多成熟的高校之中，学生事务管理已经发展成为一项相对完善、成熟、专业的制度，而高校辅导员也在高等教育中发挥着越来越重要的作用。

（一）美国高校的学生事务管理

世界上学生事务管理发展最成熟的当属美国，美国高校的学生事务管理制度至今已有 100 多年的历史，总体上经过长期的实践探索，已经具备了明显的专业化特征，形成了完备的专业训练、专业内容、专业组织，在学生事务管理工作中发挥着重要的作用。

1. 美国高校学生事务管理发展的历程

在美国，学生辅导工作在学生事务工作的管理范围之内，与学生事务相对应。从广义来看，学生辅导工作是学校需要解决的事务，并且与学生事务相关的所有工作内容的总称，包括了学习管理辅导、职业辅导等一系列内容。

在美国，高校学生事务最出现在哈佛大学，哈佛大学在 1870 年委任格尼作为第一任大学学监，以此开辅助大学校长的纪律管理工作。与此同时，美国还出现第一任专门负责管理学生工作的"处长"。从此之后，高校中有关于学生事务工作的职位便越来越多，相继出现了"学生咨询""健康医疗服务""精神指导""学习指导""宿舍管理""就业咨询"等对学生咨询、管理、服务的工作职位。而这些工作职位的出现也体现了美国高校真正意义上独立的学生管理工作的诞生。

著名美国心理学家帕森斯在 1908 年于波士顿成立了第一家美国辅导中心，该辅导中心对青少年进行引导，让青少年对自己的兴趣、理想、能力进行充分认识，从而判断出适合自己的职业。该辅导中心的成立也代表着学生辅导工作正式进入大众的视野。

伴随学生事务管理工作的发展，学生事务管理制度也随着出现，在1937 年，美国国家教育委员会在《对学生特征的看法》之中提到将学生事务管理和辅导制度的目标定位于培养"完人"。重点在于要将学生视为一个个体去发展，而不是单纯地训练学生。

2004 年，美国人事协会和美国国家学生人事管理者协会（NASPA）联合发表报告《重新思考的学习：全校园关注学生的体验》 （Learning Recon—sidered：4 Campus-wide Focus on the Student Experience，简称 LR）。在报告里面明确提出了要综合运用所有的高等教育资源，对全体学生的教育与职业培训给予关注，强调学生发展与学术学习同步发展。课内外的学习因为知识的多元化发展对学生的发展都具有重要的意义，在学生的这种学习与发展的体验中，学生事务管理人员应当更多地参与进去。

美国高校学生事务管理大致经历的四个阶段分别是替代父母（In Loco Parentis）、学生人事工作（Student Personnel Work）、学生服务（Student Services）、发展学生（Student Development）。学生发展理论是在 20 世纪 60 年代末、70 年代初确立的，在此基础上发展起来的"SLI 理论"，渐渐地成为美国高校学生事务工作的指导思想。

2. 美国高校学生事务管理发展的特点

美国高校学生事务管理工作的发展是与美国高等教育进步紧密相连的，涵盖学生入学、适应学校、咨询服务、课外活动、职业发展等方方面面的学生事务，在其100多年的发展中呈现出鲜明的特点。

在美国的许多高校之中，"发展学生"是学生事务管理的基本理念。"发展学生"是一个全面育人的理念，其核心是对学生的思想和理性进行发展，重点强调教育的目的是将所有学生的价值实现，培养学生尊重生命、完善人生意义、塑造完善人格。在实施教育的时候，要将学生的学习拆分成阶段，对于每一个阶段的学习实施针对性的教育，展开教学活动，促进学生的全面发展。

专业知识课程重点是学习学生事务管理实践的基础知识，包含5个相关领域的学习：第一，学生发展理论；第二，学生的特征及大学对学生的影响；第三，个人和团体干预；第四，高校学生事务的组织和管理；第五，学生事务的评价、评估和研究。督导实习课程的安排是专门为那些已经完成了专业实践课程学习的学生所提供的，分实习和实践两个部分，具体内容包括公共关系中的基本知识和技巧、辅导咨询和自我介绍技巧、学生事务专业道德标准和原则。关于实践和实习最低要完成300个学时。

（二）英国高校的学生事务管理

英国高校将学生辅导工作称为"学生事务管理"，主题是"以服务促发展"。学校设立专门负责学生事务的委员会，主要职责是围绕学生事务的开展和实施，向学校校务委员会、学术评议会提出与之有关的建议和决策参考；另一方面，还要负责相关政策与战略的实施。学生事务机构的职能部门设在委员会的下面，为全校学生提供服务。

英国的学生事务工作的主要内容包含辅导（心理咨询、就业指导）、生活服务（宿舍、饮食）、经济补助（补助、奖学金）、校园活动管理（维持纪律、组织学生活动）四方面。实行两级管理的制度，分别是学校校务委员会（Couneil）和学术评议委员会（Senate），与学生事务有关的委员会对于学校学生事务的发展意见和建议需要向校务委员会和学术评议委员会报告以后，才能代表学校监督政策和战略的实施。

1. "以学生为本"的管理理念

英国高校始终崇尚人文、科学、学术、自由，强调以学生为中心，所以把"以学生为本""为学生服务"作为学生事务管理制度设计的理念，以"提高学生自我发展和就业能力"为目标，以尊重学生作为开展工作的前提，把了解学生作为出发点。学校及各部门与学生建立一种平等的关系，每个教育者对待学生都像对待独立的成年个体一样。学校的主要任务就是创造一个优秀的学习环境保障学生的学习，同时还要提高服务意识，保障学生能够健康的成长，此外，还要培养学生的自主学习意识。负责学生事务管理的高校部门需要对学生的多元化和个性化需求有充分的了解，同时要时刻关注学生在成展过程中和学习过程中不断变化的多样化需求，此外，还要对学生的心理特征和思想有一定的把握，针对加强教育工作和管理工作，提升教育质量。

学生事务管理部门能积极主动地倾听学生的声音，广泛搜集学生对工作的意见，并且能从学生的意见中总结、发现学校工作的不足和问题，从而明确急需改进的方面，既把学生调查既作为一项制度，也作为制定学校战略和政策的重要依据。学生事务管理的设计以满足学生个体的发展需要为基础，强调学生个体的积极性和主动性，注重培养学生的独立性。以个体在校期间的"学业支持"和"就业支持"为工作主线。

牛津大学在 1892 年就设立了就业指导部门。雷丁大学 1970 年开始心理咨询工作。格林尼治大学的学生事务工作理念是："我们的头等要务必须专注于为学生提供服务。"诺丁汉大学学生支持中心工作理念："以学生为中心"，更好地理解学生，与学生建立合作伙伴关系。"管理"一词很少在英国高校学生事务的部门文件中出现，"服务、支持、指导、帮助"等词汇却是随处可见的。

2. 实行学院管理模式和导师制

学院管理模式是英国多数大学，特别是著名大学的做法。以剑桥大学、牛津大学、伦敦大学为代表。学院制是英国大学的特点，包括学生事务管理在内的学术事务管理、师资管理、财政与资源管理都在学院。学院管理模式的具体表现就是学生从入学到完成学业主要的管理和指导工作都在学院。学院对学生事务管理主要体现在学生学术事务的管理与指导、食宿管理、奖学金管理等。学生事务的管理者是一批兼职的学院职员——院士、讲师等。他们被以导师、学习指导教师、辅导教师的名义指派给每一名学生。

英国还是世界上最早建立导师制的国家之一，其学生辅导制度由学习指导、心理咨询、就业指导和个人导师制组成，所有的高校几乎都实行导师制。导师制最早出现在剑桥和牛津，该制度形成与学院制的发展和确立有直接关系。20世纪初，英国形成教学由大学负责，学生的个人辅导由学院负责的局面。这样，大学的课堂讲授制、学院的导师制就确立下来。导师的工作主要有两方面：学生的学业发展和牧师式的关怀。导师基本是兼职的学院教师还有研究生。

每位辅导员每天都有专门的辅导时间，在这段时间为学生提供帮助。学习辅导员还负责为学生指定不同课程的辅导教师，以帮助学生更好地完成课程的学习。辅导教师可以是本院的也可以是其他学院的，甚至是研究生。一名辅导教师一般负责某一特定课程，每周辅导一次，参加人数1—6人，每次时间在1小时左右，具体内容为前一周布置的论文或问题，解决疑问、交换看法，并安排下一次的作业。

导师制的核心任务是教会青年独立思考，导师并不是通常意义上的教师，因为传递信息并不是他的工作，导师所做的就是把一小组学生聚拢在一起加以熏染。在导师制的模式下，英国学生事务"以学生为本"，注重了解学生多元化的需求，了解学生的心理特点，以学生的需要来确定服务的内容与形式，加强工作的针对性，提高服务质量。

（三）其他国家和地区高校的学生事务管理

1. 日本学生事务的发展

在日本的高校之中，通常情况下会组建自主的组织机构进行学生事务管理工作，这种组织机构通常被称为"学生部"。关西大学学生部部长越智光一对于"学生部"有这样的理解："学生部是学生所产生的部门，是专门负责指导和服务学生的组织机构。"可以说，"学生部"设置的目的是引导学生全面发展，塑造学生健全人格，实现学生的自我发展管理。"学生部"在丰富学生的学习生活和课余生活方面有很重要的作用，同时还在课外活动、健康福利、就业指导等方面帮助学生。日本所设置的"学生部"有以下几个特点：

第一，日本高校可以依据自身的实际情况组建自己学校的学生事务管理组织，并且每个高校所组建的学生事务管理组织的制度和体系也大致相同。

第二，各高校所组建的学生部必须要能够将本校教授的教育理念反映出来。日本高校的教授在学校内是负责决策和运用的角色，因此，由教授所组成的教授会拥有着决策权、运营权和咨询权。教授会下面会设立多个委员会，如学生事务委员会等。由这些委员会所商讨和决定意见将对学生事务管理工作产生极为重要的影响。在实际的工作实践当中，学生部所承担的角色是执行教授会的意志。

第三，在职能方面，日本高校的学生事务管理工作也体现出规范与服务并存的局面。学生部一方面在对学生的学习和生活提供服务，同时也强调着教育的作用，比如对学生的校园集会等都通过制定相应的规则与纪律进行限制。与美国英国等高等教育同样发达的国家相比，日本高校的学生事务管理工作是有其特殊性质的。追根溯源，日本高校学生部的组织体制是在 20 世纪 60 年代末对抗学生的造反运动中建立起来的，那时候主要的职责是为了规范和管理学生。时代的发展强化了学生部服务的职能，但仍然存在规范与教育的意图和痕迹，时至今日，日本大学中的学生部与一些学生自治组织之间的冲突还时有发生。

2. 泰国的学生事务管理

泰国高校的学生事务管理特点与中国的"教书育人""全员育人"的理念类似，泰国高校强调以学生为本，会在整体的教育过程中始终贯彻道德教育。在泰国，高校通常不会设置专门的学生事务管理机构，也没有专门的思想政治教育系统。

因为高校的教师基本都能够主动自觉地在教学过程中承担道德教育的责任并且能相当重视教学工作，这些都已经成为许多学校的传统，所以渗透作用在教学中的道德教育能够得到良好发挥。在思想政治教育工作方面，高校都特别重视公开化与渗透性的统一，即认为学校在向学生宣扬社会的思想政治道德准则时必须做到直接、鲜明，特别重视教师的榜样作用；另一方面他们也非常重视隐蔽教育，认为道德教育的效果只有与学生活动结合起来时才能体现出来，所以在实施教育时强调通过间接、渗透和综合的方式来进行。

　　这就是在学校教育管理的各方面都融合、贯穿思想政治教育的泰国式高校学生事务管理。学生事务工作的立足点和基础是满足学生成长的需求，在对学校的道德规范"灌输"时奉行尊重学生的道德选择权利的理念，向学生强调作为成人应该具有的自我负责意识。一个基本的观点是"规范学生的行为是学校教育的关键"，但这种教育却不企图直接对学生的思想意识进行影响，而是希望通过行为方面的引导来提升学生的思想意识。

　　在这个思路的指引下，学校只负责学生基础的道德文明素质培养，在此基础上培养学生形成健全的品格，让学生学会树立正确的社会政治观念，这样学校就没有了对政治教育的直接责任。也可以理解为学校对学生道德教化的目的在责任形式上的体现只是告知和展示，要提高自身思想道德素质最终途径还是期望在学校引导过后实现学生的自觉，也就是说对最终能否达成思想政治教育的目的这一责任在学生的自身。思想政治教育工作在泰国高校是以全方位地对学生的指导来实施的，在学生成长的每个阶段和环节都与学生的成长需求相结合，对学生发展中遇到的成长问题，学校方面会提出意见，指导学生内省，使其能健康成长。

3. 德国与法国的学生事务管理

　　选择介绍德国与法国的学生事务管理是有特殊原因的，这两个国家的高校事务管理体制在高等教育发达的国家里面是很有代表性的一种设置，两国都不在高校内设立专门的学生事务管理机构，而是由校外社会机构承担大学这个方面的职能。与两国的经济社会发展一样，这些机构的社会化程度也是非常高的。这种组织在两个国家的称谓不同，在德国被称为"大学生事务局"，法国叫"学生服务中心"。高校成立负责联络的办公室，对学生的发展需要和社会机构之间的服务进行沟通和协调。

　　德、法两国这种社会化的学生事务管理模式也是优缺点并存，有值得我们借鉴和参考的地方。比如对在校学生来说，用这种社会组织为学生提供发展方面咨询服务，在客观上会加强在校学生与社会的联系，使学生的社会化能力有所增强，会提高学生未来进入社会的适应能力。不足之处是德国、法国的学生事务因为自负盈亏及立身在大学之外，所以反应比较迟钝，很难满足学生的辅导需要。

4. 台湾地区学生事务管理的发展

在我国的台湾地区，高校会设置校级的学生事务管理机构，该机构会全面负责学习之外的学生事务管理工作。该学生事务管理机构会在组织内部根据工作职责的不同，设置多个子部门，这些子部门会根据自身的工作职责直接面向学生，对学生进行事务管理、发展管理以及咨询服务。我们在这以台湾省新竹的"清华大学"作为例子，该校的学生事务管理机构下面有八个子部门，分别是：综合教学组、生活辅导组、卫生保健组、课外活动指导组、体育室、咨询中心、住宿组等，我们根据这些子部门的设置就能够看出该校将所有的学生事务管理工作进行了细致的划分。

台湾地区高校学生事务管理的最大特征是保存了"戒严令"期间设立的教官体制，对学生保护并负责军事训练、品行管理和党务工作。20世纪80年代以后，在"通识教育"理念的支配下，学生事务工作大量通过非正式课程和丰富的课外实践活动引导学生理解生活的意义与价值。另外各高校学生事务工作队伍的专业化程度都很高，在人员数量上也要更多。我们还是以"清华大学"为例，组成该校学生事务处的8个子部门共有专、兼职工作人员百余人。其中仅生活辅导组就有15人，具体组成有主任1人、7名军训教官、6位辅导老师和部门助理1人。专业性方面，以咨询中心为例，组成咨询的辅导教师中，7位专任辅导师资，9位兼任辅导师资，再加上兼任的2名精神科医师和2名实习辅导师资，这个部门的20人都是台湾地区或国外著名大学硕士或博士，而且都具有专业的资格证书。这些从业人员不但专业化，而且职业化和在专业化程度很高。

第二节 中西方高校辅导员工作理论与实践

一、中国特色的思想政治教育理论

中国特色的思想政治教育是一门以马克思主义理论为基础、综合性和实践性都比较强的科学。思想政治教育是中国共产党的优良传统和政治优势，是革命和建设事业取得胜利的根本保证，也是事关我们党和国家建设全局的一项重要工作。高校辅导员职业能力关涉到高校思想政治工作的重要地位、高校办学及育人的主要方向和高校人才培养的质量与特色，因此，高校辅导员职业能力研究，也必须依据思想政治教育理论，在思想政治教育理论时域下探讨辅导员职业能力的内涵结构及发展方向，从高校思想政治工作的需要与大学生健康发展诉求的角度剖析辅导员的职业能力及其相关问题。

（一）思想政治教育的主要内涵

1. 思想政治教育的基本概念

思想政治教育是思想教育和政治教育的统称，是党的思想政治工作的重要组成部分，反映了中国社会意识形态的本质特点。思想政治教育的主要内涵为：用马克思列宁主义、毛泽东思想及中国特色社会主义理论体系教育党员干部和广大群众，启发和提高人们的思想与政治觉悟，用社会主义核心价值理念引领社会思潮，规范道德行为，培养人们认识世界和改造世界的良好思想素养和行为习惯。

2. 思想政治教育的社会功能

思想政治教育作为一种人的实践活动，具有多重的多方位多侧面的社会功能，主要体现为如下方面：政治方向的引导功能。能够引导人们正确认识社会发展方向，把握社会舆论的正确思想导向，树立正确的思想政治理念，把人们的思想行为集中到马克思主义理论观点和党的基本路线上来。维护社会发展稳定，维护国家意志和民族团结的大局。

社会价值的引领功能。在社会经济生活中，思想政治教育能够起到凝聚共识，激励人们为共同的经济目标而努力进取，在市场经济条件下，能够起到正确的价值导向和引领作用。

先进文化的主导功能。能够维护主流文化的主体地位，弘扬优秀传统文化，引导民众进行正确的文化选择，使社会先进文化成为社会发展的积极因素，促进社会的和谐与稳定。

优良素养的培育功能。帮助人们明确政治方向，形成坚定的政治立场，规范人们的道德品行，调整人与人、人与社会、人与自然、人与自我的关系，通过规范、调整人们的思想和行为，保证品行的正确性，使其符合思想政治教育方向，纠正偏离道德目标和政治方向的思想和行为，开发人的价值，调动人的积极性创造性，推进人的全面发展。

健全人格的塑造功能。通过理论与实践的多种方式，引导人们认识和追求崇高的道德境界，正确认识正义与邪恶、高尚与鄙俗、进步与落后、公正与偏袒，真善美与假丑恶的界限，将良好的道德品质意识内化于心，外化于行，塑造良好的道德人格。

3. 思想政治教育的文化底蕴

思想政治教育活动可以对社会的发展、满足人对社会化的需求起到重要的推动作用，这自然就与文化的产生了密切的关联。思想政治教育的载体与内容能够将文化的深厚内涵呈现出来，并且思想政治教育自身也是社会主义文化中的一部分，能够将社会主义文化的核心价值观呈现出来。

思想政治教育在巩固主流思想舆论和推进思想政治文化、优秀传统思想文化、科学艺术文化建设上具有重大的功能和意义，在促进中国特色的社会主义精神文明建设、传承先进文化、提高公民的思想道德文化素质等方面发挥着不可替代的作用。

思想政治教育以优秀传统文化为根基。中华民族优秀传统文化精华，尤其以爱国主义精神为核心的民族精神，既是思想政治教育的文化底蕴，也是思想政治教育的重要内容。中华民族形成和发展过程中产生的各种思想文化，记载了中华民族在长期奋斗中开展的精神活动、进行的理性思维、创造的文化成果，反映了中华民族的精神追求，其中最核心的内容已经成为中华民族最基本的文化基因。丰富和完善思想政治教育理论，要从传统文化中汲取营养。

思想政治教育以先进思想文化成果为根基，以宣传先进思想文化为己任。从文化角度说，坚持马克思主义就是坚持世界先进文化的引领。教育是传递人类文化和文明的重要手段。思想政治教育理论的发展，要求主动借鉴当代世界各民族优秀文化的成果，这也是实现思想政治教育价值功能的必然诉求。

思想政治教育价值的实现必须依托思想文化传播手段的更新。思想政治教育价值的实现不能脱离思想文化传播技术发展的现实。经济社会的快速进步，互联网技术的飞速发展，给思想政治教育带来了新的挑战与冲击。思想政治教育必须面对和依托网络传播技术，正确面对网络文化，通过网络，宣传主流文化，坚守网络主阵地。

（二）高校思想政治教育的理论体系

高校思想政治教育是一个由许多要素组成的有机系统，高校思想政治教育理论也是一个融民族性、时代性、创新性于一体的不断发展完善的动态的理论体系。

1. 高校思想政治教育的观念体系

坚持以马克思主义及中国特色社会主义理论为指导。在马克思主义指导下，以理想信念教育为核心，以爱国主义教育为重点，以思想道德建设为基础，以大学生全面发展为目标，努力提高思想政治教育的针对性、实效性和吸引力、感染力，培养德智体美全面发展的社会主义合格建设者和可靠接班人。

坚持"以人为本"的思想政治教育观念。坚持以人为本是思想政治教育观念发展的内在要求和必然走向。以人为本，就是关注人的需要、人的思想和人的发展，就是贴近实际、贴近生活、贴近学生，就是在遵循人的思想发展和人的成长规律基础上实施思想政治教育。因此，将人作为出发点和归宿，尊重人、理解人、关心人，满足人的合理需求，提高人的综合素质、促进人的自由全面发展，是思想政治教自创新发展的战略基点和现实抓手。

坚持"德育为先"的教育理念。把坚定理想信念放在首位，把人才培养作为根本任务，坚持用中国特色社会主义理论体系武装师生头脑，确保社会主义办学方向。

坚持将理论与实践进行有机结合的教育理念。不仅要对课堂教育展开重视，更要对大学生的社会实践活动、深入社会、了解社会进行重视；坚持解决思想问题与实际问题的方向，提升思想政治教育的成果。

坚持思想政治教育实行多渠道教育的理念；坚持将自我教育和教育、自我管理和教育相互结合，发挥教师、校园组织的作用，促进大学生培养自身的学习积极性和主观能动性，在校园的管理之中渗透思想政治教育，引导每一个大学生的行为规范和思想观念。

坚持继承优良传统与改进创新相结合的理念。在继承党的思想政治工作优良传统的基础上，探索新形势下大学生思想政治教育的新途径、新办法，努力体现时代性，把握规律性，富于创造性，增强实效性。

2. 高校思想政治教育的内容体系

以理想信念教育为核心的世界观、人生观和价值观教育；以爱国主义为重点的民族精神教育；以改革创新为核心的时代精神教育；以基本道德规范为基础的公民道德教育；以大学生全面发展为目标的素质教育。

3. 高校思想政治教育的方法体系

思想政治教育的形式和方式极为多种多样，不仅有语言教育形式，如演讲、教授、辩论、交谈等形式；还有采用形象感染的形式，如典型示范、影音视频、陶冶情操等；更有实际训练的形式，如社会实践、调查访问、参观考察法、常规训练法等。

4. 高校思想政治教育的价值体系

我国经济社会及思想文化的发展，要求建立与之相匹配的思想政治价值体系。高校思想政治教育具有培养人、塑造人、发展人的社会功能，在培育理想信念、养成道德人格以及确定社会规范的价值实践中，发挥着引领方向、提振精神与凝聚人心的思想功能。在引领先进思潮、化解社会矛盾、保持社会稳定，净化人的心灵、激励人的奋进等方面发挥着重要的作用。

二、中国特色的思想政治教育理论

（一）西方职业发展理论借鉴

职业发展理论主要产生和发展于美国，主要侧重于职业生涯和职业规划研究。批判地吸纳和借鉴西方的职业发展相关理论观点，对于深入探讨辅导员职业发展远景及促进和帮助辅导员实现职业能力提升具有一定的启示意义。

1. 萨柏的职业生涯发展理论

美国的萨柏是一名非常著名的职业生涯发展理论学者，他所提出的职业生涯发展理论是从纵向的角度阐述职业指导的理论。重点研究的是个体的职业选择过程以及职业倾向选择。萨柏将个人的职业生涯发展分为五个阶段，也就是成长阶段、摸索阶段、构建阶段、保持阶段以及衰退阶段。同时，萨柏还提出，个体的职业生涯发展是与其所处的社会经济、家庭地位、个人智力水平、个人性格特征以及个人机遇有着密切的关系。个体对一个职业的态度会伴随工作环境、生活习惯以及思想观念的变化而产生转变。这也代表着一个人的职业选择过程是动态发展的，并且个体的职业生涯发展是能够通过培养和引导不断完善和优化的。

2. 帕森斯的入职匹配理论

美国波士顿大学教授弗兰克·帕森斯（Frauk Parsou）最早提出"入职匹配"理论，该理论成为职业选择、职业指导的经典性理论。1909年帕金森在《选择一个职业》一书中，阐明了职业选择的三大要素，即：清楚了解自己的态度、能力、兴趣、智谋、局限和其他特征；清楚了解职业选择成功的条件，所需知识；在不同职业岗位上所占有的优势、不利和补偿、机会和前途。帕金森的理论内涵在于：在了解个人的主观条件和社会职业岗位需求条件基础上，将主客观条件与社会职业岗位相对照、相匹配，最后选择一个与个人相当匹配的职业。其观点又被称为特质因素理论，核心要点是人格特性与职业因素的匹配，个人都有自己独特的人格模式，每种人格模式的个人都有其相适应的职业类型。所谓"特质"：就是指个人的人格特征，包括能力倾向、兴趣、价值观和人格等，这些都可以通过心理测量工具来加以评量。帕森斯的在职业选择上的知己知彼、主客观相符的思维观点已成为人们选择职业的经典性原则。

3. 霍兰德的职业兴趣理论

美国心理学教授约翰·霍兰德（John Holland）于20世纪60年代提出了具有广泛社会影响的职业兴趣理论。霍兰德的职业兴趣理论主要从兴趣的角度出发来探索职业指导的问题。他明确提出了职业兴趣的人格观，使人们对职业兴趣的认识有了质的变化。霍兰德认为人的职业兴趣与人格之间存在很高的相关性，人格是兴趣、价值观、技能、信念、态度和学习风格的综合体，凡是具有兴趣的职业，都可以提高人们的积极性，促使人们积极地、愉快地从事该职业。霍兰德（Holland）认为人格可分为现实型、研究型、艺术型、社会型、企业型和常规型六种类型，并设想出与之相对应的六种环境类型。他认为，一个人做出职业选择的主要依据就是寻找那些与他们人格类型相符的，可以满足他或她的职业成长环境，在愉快的过程中完成工作任务，同时实现自身的价值。

4. 职业发展理论的借鉴意义

职业发展理论兴起于西方发达国家，其关于职业发展阶段理论、职业选择以及人职匹配的相关理论观点已被广泛借鉴应用于企业员工职业发展、高校学生职业生涯规划等实践中。职业发展理论对高校辅导员职业能力研究的启示意义在于：

（1）职业人格、职业兴趣与职业能力发展密切相关。实施辅导员职业能力建设应充分考虑到辅导员的职业兴趣以及激发职业兴趣、维护职业兴趣、克服职业懈怠的各种因素与机制。职业发展阶段的相关观点可以为职业能力建设提供启示，如可以根据不同年龄阶段职业能力发展的需要实施不同的建设策略。

（2）辅导员职业能力发展与其对职业的认知密切相关。辅导员对其职业的认知，既有其内在的兴趣、爱好、价值观等个性特点，也有外在的职业岗位类型以及岗位意义的吸引力，还有社会责任义务的要求等因素。研究辅导员职业能力，需要关注职业环境建设与辅导员自身建设的关联，帮助辅导员在职业选择与职业发展上认识自身优势与不足，把握自身素质能力与职业岗位需要之间的关系，实现社会发展需要与个性追求的有机统一。

（3）职业发展理论能够帮助人们对高校辅导员的职业发展方向进行深入的探索，并能够对影响辅导员职业发展的因素进行分析，找到一个能够完善建立辅导员职业生涯制度的方法。高校辅导员的职业生涯发展不仅需要个人的不断努力，更需要社会给予职业发展良好的成长环境。

（4）坚持以人为本是在研究高校辅导员职业生涯发展时需要遵守的基本原则。在西方国家，有很多职业发展的理论将重点放在研究职业发展中个体的选择和个体在职业发展中的位置，这种研究对在市场经济背景下辅导员激发自身的职业积极性和创造能力有着积极的影响，但是在中国的体制内辅导员的职业生涯发展并不是只受到社会市场经济环境的影响，而是更多地受到了国家、政治、集体、团队等方面的意识所影响。所以，在我国，高校辅导员的职业生涯发展需要符合社会发展与个人发展统一、个人利益与集体利益统一。应当看到，西方职业发展理论还具有很大的不成熟性和不完备性，受时代、文化底蕴以及学科研究风格的局限，其理论观点尚存在一些明显的瑕疵，主要体现在以下三个方面：

第一，忽视人的发展与社会发展的协调统一，人的全面发展不能脱离社会，不能脱离一定的社会环境及其影响，职业发展前景的变化也并非完全由兴趣所使然。西方职业发展理论的代表人物多为研究心理的学者，因而较多关注性格、情趣，缺少对影响职业能力发展的社会因素的关注。

第二，忽视个体发展价值与社会发展价值的相互联系。以个人为出发点，较多地关注个体在职业选择、职业成长中的地位，忽略社会需要、社会发展对个体发展的深远影响，忽视人的发展、人的社会关系的发展的复杂性。

第三，把个人与工作简单当作静止不变的两种状态来匹配。这只能是天真的猜想，因为无论是个人的性格爱好，还是职场工作，都必然处于不断的变化状态之中，兴趣既然是可以培养的，那就具有可变性。而哪一种职业也不会存在单一的固化的特质。将人格特质与岗位特质简单比附、配对，不仅是不现实的，也是可笑的，职场的变迁性、人才的流动性，使得知识的更新、能力的拓展变得更加重要。

有学者结合中国大学生就业的实际，深入分析了现代西方职业生涯规划理论，认为西方发达国家的职业规划理论与我国的基本国情并不相符，也与我国的社会价值和传统不相符。因此，这些职业发展理论与我国大学生的职业生涯发展规划也不相符。所以，我们需要重新建立一个能够与我国大学生职业生涯发展规划相符合的指导理论。

（二）西方激励理论的借鉴

激励是管理上的一个非常重要的功能，就是激发员工的工作动机，以促使个体有效地完成工作目标。从20世纪30年代开始，一些西方的心理学家、社会学家、管理学家就针对如何激励人从多方面展开了研究，并且研究出了很多相关理论。在这些理论中，内容型激励理论与过程型激励理论是产生影响较大的两个理论。内容型激励理论所研究的重点是导致动机产生的因素，主要包括马斯洛的"需要层次理论"，阿尔德佛的"生存、关系、成长理论"，赫茨伯格的"双因素理论"和麦克莱兰的"成就需要理论"等。过程型激励理论是在内容型激励理论的基础上发展起来的，它们着重研究从动机的形成和行为目标的选择再到采取具体行动的心理过程。过程激励理论基本上都采取动态的、系统的分析方法来研究激励问题。

1. 麦克莱兰的成就需要理论

20 世纪 50 年代，美国著名心理学家，哈佛大学教授戴维·麦克莱兰对人的成就动机进行了大量的研究，发现传统的学术能力和知识技能测评并不能预示工作绩效的高低和个人生涯的成功。而从根本上影响个人绩效的是诸如"成就动机""人际理解""团队影响力"等一些可称为资质的东西。他在此基础上提出在世界范围内具有广泛影响的成就需要理论（theory of needs for achievement）。麦克莱兰认为，人的基本需要有三种：成就的需要、权力的需要和归属的需要。

成就需要是人们想通过自己的努力完成具有相当的挑战性目标的一种习得性需要，它是一种追求卓越。达到标准、争取成功的内驱力。

2. 弗鲁姆的期望理论

期望理论又称作"效价—手段—期望理论"，是管理心理学与行为科学的一种理论，是由美国著名心理学家和行为科学家维克托·弗鲁姆（Victor H. Vroom）于 1964 年在《工作与激励》一书中首先提出的。弗鲁姆认为，人总是渴求满足一定的需要和达到一定的目标，这个目标反过来对于激发一个人的动机具有一定的影响，而这个激发力量的大小，取决于目标价值和期望概率（期望值）的乘积。也就是说，一个人对目标的把握越大，估计达到目标的概率越高，激发起的动力越强烈，积极性也就越大，在领导与管理工作中，运用期望理论来调动员工的积极性具有一定的意义。不可否认，期望理论在关注了人们行为的可能性和必要性对工作积极性主动性影响外，忽视了人们的道德意识、责权意识、规则意识、义务意识、优越意识等意志过程对人们工作积极性主动性激发的关键作用。因此，应用期望理论，对期望效益的判断，既要考虑个体发展利益，也要考虑集体或国家的利益。对期望值的估计也必须关注期望与现实之间的可能性，使期望的目标既符合社会发展规律，又不脱离当前的实际。研究高校辅导员能力发展，必须研究激励的期望目标指向，只有构建切实可行的激励措施，才能形成有效的辅导员能力发展的保证体系。

3. 亚当斯的公平理论

亚当斯的公平理论是对人的动机和知觉之间的关系进行研究的一种理

论。亚当斯的公平理论认为，知觉会对人的动机产生影响，这种影响使得一个人不仅会关心自己的收入和支出，还会关心自己的收入和支出与他人的收入和支出之间的关系。简单而言，一个人不仅会关注自身的报酬量，还会关注自己报酬量和他人报酬量之间的关系，也就是相对的报酬量。用公平理论来分析高校辅导员职业能力提升的问题，不可避免地涉及如何看待辅导员职业能力提升的激励机制问题，也涉及现行措施对辅导员职业能力发展所产生的心理影响。当然，研究或制定激励措施要坚持公平的原则，面对于个体而言，则不光要有公平意识，还要有责任意识、廉洁奉公意识以及顾大局、识大体的职业胸怀。

4. 国外激励理论的借鉴意义

早期的激励理论主要研究如何通过激发人的"需求"来调动其工作积极性。内容型激励理论，包括马斯洛的需求层次论、赫茨伯格的双因素论以及麦克莱兰的成就需要理论，都是以了解与分析人的需求为前提，制定激励措施，激励人的工作动机，提高人的工作绩效，使人的聪明才智得以发挥。过程型激励理论，包括期望理论、公平理论等，意在用动态的角度分析激励问题，抓住对行动起决定作用的某些关键要素，如期望目标、报酬目标、心理平衡点等问题来预测和控制人的行为。在高校辅导员职业能力的研究上，批判地吸纳激励理论的某些积极观点，对于探讨激发或唤醒辅导员职业能力提升的内驱力，调动辅导员的积极性创造性，深入研究辅导员能力建设的激励性机制措施，具有一定的借鉴意义。

激励理论启示我们，研究辅导员的职业能力，应正确运用欲望、需求的特征，把外在的激励，如福利待遇、环境改善等，与内在激励，包括责任感、胜任感、成就感等有机统一起来，使组织目标与个体能力发展目标同时实现。要充分认识和把握辅导员对绩效目标、报酬目标、价值目标的期望，分析影响辅导员职业能力发展的因素，探索激励辅导员能力提升措施的公平性、公正性和可操作性，把辅导员期望的方向引导到正确发展的轨道上来，最大化地发挥激励的效能，推进辅导员职业能力的快速、健康发展。

需要指出的是，国外激励理论虽具有借鉴应用价值，但其理论本身还存在许多的不足。一是这些以需求为基点的激励理论可以对人们的努力进行解释，但是却对于人们是怎样保持努力和自我发展的没有重视。很多理论都可以直观地解释人们努力的本质，但是没有对人们为什么努力的本质做出解释；二是对于组织成员的努力行为给予关注，但是却没有重视组织成员的发展潜力和每个人的能力是否得到了发挥；三是有些理论观点过于抽象化概念化，在实践应用中如何具体操作，尚有待深入研究。

第三节　中西方高校辅导员工作特征及启示

一、国内辅导工作特征

自 1953 年清华大学校长蒋南翔首次正式提出并实行高校辅导员制度以来，我国高校辅导员的产生距今已有 60 多年的历史。但是伴随机遇的往往是艰巨的挑战，随着我国高等教育事业的蓬勃发展和高校事务的拓展，高校辅导员队伍将面对更高的要求和更大的挑战。为了能胜任不断变化的工作任务，保证高校师资建设跟上高等教育发展的步伐，就必须提高辅导员工作能力，加强辅导员队伍建设。

而近几年辅导员问题的研究主要集中在使辅导员队伍专业化、职业化和专家化的问题研究上。也有对辅导员角色问题的研究，还有对辅导员制度问题及工作绩效问题的研究。但是上述研究除了辅导员工作绩效问题研究之外，其他都过于倾向于理论研究，主要通过理论创新解决问题。但恰恰是辅导员培训工作、监督工作、考核工作等实践方面的落实等方面制约着辅导员的发展。因此，保证理论与实践相结合，并结合我国社会发展实际、高等教育管理体制，以及高校辅导员工作等方面自身的特点，增加对这些实际问题的研究才能从根本上解决辅导员问题。

总体而言，我国近几年关于高校辅导员问题的研究，不仅在数量、研究规模上取得了明显的进步，而且在研究的内容、视角与方法上，更是有很大突破，打破了原有的模式。但是由于国内对辅导员问题研究时间相对较短，仍存在许多不足之处，而国外关于高校学生管理的相关研究比较系统全面，因此在开展研究时可以适当参考，借鉴国外的先进方法和经验，扬长避短，充分利用先进、完善的国外资源。

高校辅导员是大学生思想政治工作的骨干力量，是高校学生工作的第一负责人，同时也是高校教师队伍的重要组成部分。教育都规定的高校辅导员的八项主要工作职责是：

（1）引导大学生树立正确的价值观、世界观、人生观，保障大学生在党和国家的领导下处在中国特色社会主义道路上，培养大学生树立实现中华民族伟大复兴的信念，帮助大学生持续提升自己的能力，不断追求更高的目标，让大学生之中的优秀者能够树立共产主义伟大理想，树立马克思主义伟大信念。

（2）培养大学生养成良好的道德素养，定时展开交谈活动，帮助学生养成良好的心理，培养学生自律、自尊、自爱、自强的良好品德，提升学生克服挫折的能力，引导学生培养自主学习能力、人际社交能力、行为规范以及就业选择能力等。

（3）准确地把握大学生的思想政治现状，对于社会上出现的热点事件和焦点问题，对学生进行及时的引导和教育。当学生出现矛盾时，及时发现和解决，保障良好的校园学习环境。

（4）落实好对经济困难学生资助的有关工作，组织好高校学生勤工助学，积极帮助经济困难学生完成学业。

（5）积极开展就业指导和服务工作，为学生提供高效优质的就业指导和信息服务，帮助学生树立正确的就业观念。

（6）以班级为基础，以学生为主体，发挥学生班集体在大学生思想政治教育中的组织力量。

（7）组织、协调班主任、思想政治理论课教师和组织员等工作骨干共同做好经常性的思想政治工作，在学生中间开展形式多样的教育活动。

（8）指导学生党支部和班委会建设。做好学生骨干培养工作，激发学生的积极性、主动性。

二、西方高校辅导员工作特征

"counselor"一词最早可追溯到 20 世纪初的美国，因当时社会青年对心理辅导的潜在需求而产生，它被翻译为咨询者、指导者，是与我国辅导员工作相类似的一种新的社会角色。但是直到 20 世纪的五六十年代这一角色才真正在高校得到重视和发展。他们大多是作为一些经验丰富的学生事务工作者，无需对任何学生个体负责，更多的是为学生的成长成才等发展提供针对性的辅导咨询服务。随着欧美国家高等教育的发展，高校的辅导不断完善，并最终形成完整的辅导体系，其地位也逐渐达到与学术教育对等的程度。伴随着完整的辅导体系形成的还有规范的组织机构，例如辅导员协会和辅导员中心等，这些组织机构的成立不仅仅为辅导员创造了良好的工作环境，更为他们提供了相互交流和学习的平台。欧美发达国家和地区逐渐形成了一支专业化、规范化的高校辅导队伍，其分类之细，范围之广，使得高校辅导在心理、职业、学习、生活、就业辅导等方面起到了的不可或缺的作用和深刻的影响。这支队伍甚至在学校的带动下，将学校、家庭和社区紧密联系，形成了三方相结合的辅导网络。

需要注意的是，国外的大学中并没有和我国政治辅导员完全相同的角色，但这并不影响国外的大学对学生的思想政治教育，真实的情况甚至恰恰相反，当前，世界上许多国家普遍重视学生的德育问题，并不断加大对学校德育建设的投入，以达到加强学校德育建设的目的。美国一些教育人士认为，在德育工作中的资源投入力度不够会导致教育问题。日本认为：只有重视德育投资，加强德育建设才能保障日本经济高速稳定发展。因此可见，发达国家在发展高等教育时非常重视大学生的德育工作。以下将主要以美国、日本等国的辅导员发展为例，分别阐述辅导员在各国的发展历程。

美国对于大学生日常事务管理的重要性认识得比较早，并且及时开展了一系列对于高校辅导员的工作职责、工作内容以及工作目标等方面完善和优化。在美国的高校之中，辅导员专业作为一门学科已经十分成熟，并且能够定期向社会输送辅导员人才以满足社会对于大学生日常事务管理的需求，而且经过了不断优化形成了新的管理理念，也就是我们目前常提到的"以学生的学习和发展为中心"。在1994年，美国大学人事协会发表了《学生的学习是当务之急：学生事务的含义》一文，在该文章之中明确指出提升学生的学习和提高学生的全面发展是学生事务管理的最终目标。

1951年，日本的辅导员概念在美国教育委员的帮助下诞生。在1955年，日本建立学生辅导员联合会。1997年，日本明治学院大学的一众专家和学者开始研究日本高校辅导员的实际情况。

综上所述，从国外研究历史及发展状况来看，国外学生事务管理工作具有悠久的历史，较国内研究状况而言，在学生事务管理研究方面国外研究比较系统、全面和完整，且更加符合我国高校管理体制改革发展的需要，对于我们更加科学合理地设置辅导员工作职能和管理机制，有很好的借鉴意义。目前国外关于高校学生事务管理队伍建设的研究主要包括以下几个方面：第一，关于学生事务管理的理论基础研究。研究认为，学生发展理论是高校学生事务管理发展的重要理论和哲学基础；第二，对大学生事务管理队伍的职业化发展进行研究；第三，对大学生事务管理的构成和在教育中的地位进行研究；第四，对大学生事务管理辅导员的队伍素质进行研究；第五，对大学生事务管理的机制进行研究。

三、中西方高校学生事务管理的共性特征及启示

选择以上国家和地区的学生事务作为案例，不是要与中国的辅导员事务进行比较，而是选择它们发展中分别具有的特色，再找出共性特征，作为我们的借鉴。选择美国作为案例是因为世界的学生事务专业化发展以它为最，可供我们研究和借鉴的也最多。选择英国和中国香港是因为那里以"全人教育"为理念强调学生事务服务职能，通过导师的形式，完成高校的学生事务管理工作，是中国辅导员向导师化方向发展的学习模本。

日本高校学生事务的代表部门——"学生部"是为了对抗学生运动而诞生的，在高度发达的高等教育环境下迅速实现了专业化。台湾地区高校的学生事务管理色彩最浓重，很好地保留了"戒严令"期间的教官制度，与现代高等教育专业化的融合度非常高。台湾高校的学生事务告诉我们，管理也是辅导员专业发展的一个指向。德国和法国的学生事务是在社会化程度非常高的前提下实行的，完全社会化的学生事务管理给了我们很多借鉴。用泰国的学生事务作为案例支持有其特别的意义，泰国高校是最强调学生的思想工作的，但是他们没有在高校里面设置类似我们的辅导员制度，也没有专门的工作人员，而是通过任课教师在学生自觉的前提下来实现其思想工作的任务，不好的结果是使一部分学生游离于学校的管理制度之外，这是我们要认真思考的。

总的来说，学生事务因在各国的教育管理制度、高校办学模式及民族

文化性格等方面差异的存在而有所不同，但共性特征也是明显的，深入分析他们的共同之处，学习和借鉴先进经验，对中国高校辅导员制度的发展和完善是非常有利的。通过以上境内外高等学校学生事务管理专业化发展特点的分析，我们可以看出某些共性特征。

（一）中西方学生事务管理的共性特征

1. "全程、全面、全员"重视高校学生辅导工作

人才培养是世界各个国家兴办大学的根本目的，也是大学存在的本质。围绕这一共同目的，必然要求设计一系列面向学生的教育、管理、引导、服务的组织机构，并配套相应的办学工作机制，共同构成系统的学生辅导工作体系。现代世界的高等教育的整体环境快速发展，生源不断的大众化、多元化，使高校学生管理问题越来越复杂化，学生事务管理模式需要主动去适应这些新形势的变化。重视学生的全面发展、面向未来，已经成为当今高校人才培养的一个使命，在不断变化的高等教育形势下境内外高校形成了普遍重视高校学生辅导工作的理念。在此理念的支撑下，管理模式也相应地采取了面向全体学生，全面开展辅导工作的措施。理念指导着实践，科学的工作理念必然会引领管理实践走向科学发展的道路。"关注教师专业发展理念，是教师专业发展走在世界前列的美、英、日等国的共同特点。""发展"是基本任务、工作目标，也是高校学生事务发展的主题。美国高校把"发展学生"作为学生事务工作的任务和目标，这是在引领学生发展的理念的指导下促成的，相似的是，英国将"以服务促发展"作为高校学生事务的主题，香港高校也把"全人发展"作为开展学生辅导工作的理念。

各国（地区）对学生事务管理工作的重视不仅体现在形成科学的工作理念上，还体现在具体的管理过程中。各高等教育部门不仅出台了一系列的管理法案，以提高学生事务管理工作的地位和重要性，还通过多种形式巩固学生事务管理人员的社会地位，使学生事务管理岗位成为社会上人人趋之若鹜的热门职业。

在美国，高校的学生事务管理队伍逐步壮大，并成为美国令人羡慕的职业之一。社会地位的提高，使学生事务管理工作吸引了大批高素质、高水平的工作人员，这就为学生事务管理工作在发展上奠定了一个良好的基

础。为了保障学生事务管理工作逐步走向规范化、专业化的轨道，境内外高校的学生事务管理部门都纷纷根据本地学生特点，制定切实可行的保障制度，如美国的专业协会组织，英国的导师制，香港的"全人教育"体系都独具特色。此外，各高校还通过培养专业化、选聘规范化、培训多样化等依托，保证了学生事务管理人员的质量和水平。

2. 建立"专业、专职、专项"的辅导员工作队伍

建立"专业、专职、专项"的辅导员工作队伍是各地高校学生事务专业化发展过程中的另一个特点。专业，首先是指有严格的入职要求，在专业学科包括教育学、心理学、管理学等训练以后，获得心理辅导咨询、职业规划指导、学生事务管理服务实践、学生发展等方面的硕士或者博士学位，最后再通过各学科对应的辅导员职业协会的职业考试。专业的学生事务管理已经成为一种职业取向，在入职前和入职后还要接受专业的培训，因此学生事务人员的专业性能够得到保证。

3. 从管理、发展、服务、定位学生辅导工作的内涵

高校学生工作的终极目标是使每个学生都获得全面发展，以达到实现自我与社会的和谐统一。学生事务管理重点应放在哪里？境内外各高校学生事务管理的成功经验表明，学生事务管理工作的重心是"服务"，学生全面的发展是通过高质量的专业的服务获得的。尽管各国高校对学生辅导工作理念的提法不尽相同，但可以看出，"以学生为本，以服务促发展"是高校学生事务工作者的共识。

4. 普遍采取"课程、活动、辅导"相结合的工作模式

思想引导一直是高校辅导员工作的重要内容，20 世纪 90 年代以来，学者们提出了"道德教育回归生活"的道德教育理念，隐性教育成为西方国家实施德育教育的重要方式。大学不设专门的德育课程，而是通过公民教育、文化传统、宗教学习等通识课程以及丰富多彩的社会实践活动来进行。在开展活动的过程中锻炼学生能力，延伸课堂教育，实现课内教育与课外活动共同渗透，形成隐性的教育合力。

（二）中西方外高校学生辅导制度给我们的启示

高校辅导员的发展从专业的角度来说是一个目标，又是一个过程，是

依托专门机构及终身专业训练体系，对辅导员进行科学的管理和培养，使他们掌握高校德育工作的基本知识和技能，全面有效地履行职责的过程。

从目标视角而言，高校辅导员队伍专业化是要把辅导员培养成为具有一定专业技能的工作者；从过程的视角而言，是指依托现实中一定专业，培养高校辅导员队伍有能力做到针对性地从事大学学生事务管理工作的过程。分析中西高校成熟的学生事务工作发展道路，比较完整的学生辅导员工作方式，能综合高校学生工作发展的规律性，为中国辅导员的发展提供了诸多启示。

1. 学生事务管理工作是大学组织管理系统的重要组成部分

中西高校100多年的学生事务工作发展历程诠释了现代学生事务管理工作与高校肩负的学术使命是一样的，都是大学组织管理系统的重要组成部分，共同为学生人格完善和学业进步做出努力。比较中美辅导员的发展我们可以看到，在辅导员制度产生机制方面两者是完全不同的，美国的学生事务在高等教育的发展对学生发展的辅导要求不断提升的情况下诞生的，从机制上说是内生的；中国的辅导员制度是高校为了实现思想政治教育的目标而单独设立的，是外发的。但无论是从人本的角度，还是从全面发展的要求来看，中美高校所担负的使命都具有相同的趋势。

尽管国情不同，校情多样，但学生事务管理在高校管理中的地位是不可撼动的。至今国内仍然有一种认为学生工作在中国高等教育领域里可有可无的观点，甚至有人还主观臆断说西方大学是没有学生管理人员的。的确，从称谓上，中西高校里面是没有辅导员的。但事实上，在美国高等教育里学生事务管理一直就是不可或缺的，高校学生事务因为在教育中的地位一直受到了许多专家和学者的争论，在高校学生事务管理出现时，这种争议就一直存在，有些专家和学者甚至认为高校学生事务管理没有存在的必要。在这种复杂的背景下，高校学生事务管理一直遵循高等教育的发展规律，以美国为首的高校学生事务管理在经历过困难和挣扎之后终于向着专业化发展的道路迈出了关键的一步。现在，中国高等教育大众化后也逐渐显现出来一些学生管理和发展方面的问题，这些问题于中西高等教育发展的过程也是共性的。

中西成功的发展经验告诉我们育人为本、德育为先的学生辅导工作在人才培养中的地位非常重要。坚持辅导员的发展为本，建立一支职业化、专业化的辅导员发展队伍才能跟上学生事务管理的步伐，实现辅导员队伍从客观外在的形式到实质内生需要的规范化、科学化、人本化。但需要特别指出的是，我们可以借鉴包括美国在内的这些中西高校学生事务管理经验，而不能过于美化、神化它们，因为这是教育的共同规律。同样以美国高校为例，客观上的暴力、吸毒等问题在高校的存在也从一个侧面反映了美国高校学生事务管理发展中存在的严重问题。我们要遵照教育规律，客观评价中国高校辅导员的发展现状，充分借鉴中西的成熟经验，坚定中国高校辅导员走专业化发展道路的信心。

2. 辅导员发展要经历从无到有、从非专业到专业的过程

纵观中西高校学生事务管理发展历程，学生管理人员的制度发展都经历了非专业到专业、非职业到职业的历程。辅导员发展是一个漫长的过程，与国（境）外高校相比，中国高校学生辅导工作历来具备显著的政治优势和优越的体制保障。对学生工作制度方面，政府向来有统一指令性文件的支持，并对任务、要求有明确的规定。尽管与西方的学生辅导工作人员发展很高的专业性相比，中国高校辅导员的发展尚在起步阶段，专业化程度低，职业稳定性差，还没有形成系统的科学的培养、选拔和培训体系，但国外的成功经验告诉我们，坚持走辅导员职业化、专业化发展的道路，不仅符合学生发展的需要，也符合教育发展基本规律，符合世界潮流。

3. 专业的学科背景和明确的分工是辅导员发展的前提条件

国境内外学生事务管理人员不仅学科背景是专业的，接受的训练也是专业的，而且在专业分工上也细致明确，涉及生活、心理、就业、学习等多方面。

近些年中国也开始了对辅导员培养、培训机制和岗位管理上进行专业分工的探索。一些高校已经尝试建立专业的辅导员培养体系，还有少数高校对辅导员进行了分工，设立了考研辅导员、职业规划辅导员、公寓管理辅导员、创新创业教育辅导员等，在辅导员专业分工上做了初步的尝试。但从总体上来看，目前中国高校辅导员普遍缺乏专业的学科背景，专业分工不够细致且缺少科学依据，这也是当前辅导员职业化、专业化发展的掣肘。因此，在相当长的一段时间里，充实辅导员的专业学科背景，实施专业化的分工、职业化的管理还将是中国辅导员发展的重要内容。

4. 准确把握中西高校学生事务管理的基本内涵

"学生事务管理"是个典型的外来词汇，学者方巍把它的概念界定为："学生事务，指的是学生的非学术性活动或课外活动"，"学生事务工作，指的是学生课外的一切活动及其管理"。

第四章　高校辅导员职业能力结构体系

高校辅导员队伍处于大学生思想政治工作和学生管理工作的第一线，是高等教育人才培养的重要师资力量，其职业能力水平的高低直接关系到人才培养的质量和青年学生的健康成长。

第一节　高校辅导员职业能力概述

一、高校辅导员职业能力相关阐述

从高校辅导员职业能力的相关概念入手，立足于辅导员队伍几十年的变革发展历程，分析现阶段高校辅导员职业能力的内容构成及特点，并结合相关理论知识为该研究提供理论支撑，探讨提升高校辅导员职业能力的必要性。

通过查阅现代汉语大词典，我们发现关于"职业"的解释有两层意思，第一层意思是"个人服务社会并作为主要生活来源的工作"，第二层意思是"专业的非业余的"。本人认为"职业"是利用专门的知识和技能在某一社会岗位上进行劳动，为社会创造价值并获取一定报酬的工作。关于"能力"这一名词的解释是：能胜任某项任务的条件。在能力本位教育中，"能力"被定义为由知识、技能以及根据标准有效地从事某项工作职业的能力，可视为完成一项工作任务可以观察到的、可度量的活动或行为。

职业能力主要包含以下三个方面：首先是为了胜任一种职业而必须具备的能力，表现为任职能力；其次是在任职中应具备的发展性能力，表现为发展能力；最后是在任职中对实现自身价值的追求能力，表现为自我管理能力。

现阶段，高校辅导员职业能力指的是辅导员在学生教育和管理过程中，通过个人的知识、技能、态度以及智谋去实现特定任务的能力；主要表现在思想政治教育、党团和班级建设、学业指导、日常事务管理、心理健康教育与咨询、网络思想政治教育、危机事件应对、职业规划与就业指导、理论和实践研究等九个方面应具备的能力的综合。

二、现阶段高校辅导员职业能力的内容构成与特点

（一）高校辅导员职业能力内容的金字塔模型构成

《高校辅导员职业能力标准（暂行）》[1] 文件将职业能力划分为初级、中级、高级三个等级，每个等级对辅导员不同工作职能的能力要求不同。本书以该文件关于辅导员职业能力的构成内容为基础，以职业能力的历史发展过程为依据，通过对辅导员职业能力内容进行梳理，将其分为基本能力、专业能力和研究能力，并以此构建了辅导员职业能力金字塔模型。

高校辅导员的基本能力构成了金字塔塔基，是专业能力和研究能力的基础，这一能力涵盖了思想政治教育、党团和班级建设、日常事务管理和危机事件应对等四种工作职能的能力要求，是从事辅导员工作所应具备的最基本能力要求，也是正常开展学生工作的基本前提。

思想政治教育是开展学生工作的主线，辅导员必须具备较高的政治理论水平和职业道德修养，以培养和塑造大学生的思想道德素质，从而促进大学生的自我思想教育水平的提升。此外，辅导员还应具备一定的组织协调能力、宣传管理能力，以保证能够顺利开展党团相关活动、做好党员的发展教育工作以及学生日常事务管理工作。同时，辅导员必须具备危机处理能力，预防和有效处理突发事件的发生，为大学生顺利成长成才提供一个和谐、安全与稳定的校园环境。

专业能力位于中层，其能力主要体现在学业指导、心理健康教育与咨

---

[1] 教育部.《高校辅导员职业能力标准（暂行）》. 2014 年 3 月.

询、网络思想政治教育、职业规划与就业指导等职能上，是在基本能力基础上的专业化发展，体现了辅导员的专业胜任力。辅导员基本能力实现以后，就会对职业能力有更高层次的要求，追求专业技能的提升专业能力的实现，辅导员可以有针对性地为学生提供学业、创业、就业等方面的指导，帮助学生分析自身的职业倾向。了解学生的心理特点，提供心理咨询和辅导，使大学生在校能够保持健康的心理状态。同时，辅导员还能通过对网络新媒体的运用，及时对大学生进行网络安全教育和网络道德教育，引导正确的网络舆论导向，不断拓宽思想政治教育工作的领域和范围。

研究能力主要体现的是理论与实践研究职能对辅导员的能力要求，是专业性、职业性、学术性高度统一的体现，居于金字塔的最高层。国家对辅导员的成长期望是使其能够发展成为学生教育管理工作某一专业领域内的"专家"，强调辅导员的研究与思考能力，注重在基本能力和专业能力表达中的工作阅历和知识积淀，加强理论和实践创新，深入研究、把握相关领域的规律和前沿进展，以实现自我发展的同时带动整体队伍水平的提高。

（二）高校辅导员职业能力的特点

高校辅导员职业能力体现的是政治强、业务精、纪律严、作风正的职业特征：第一，政治强是职业能力特征的基本体现。高校辅导员的角色定位首先是要成为大学生的政治引路人，专注于引导大学生树立正确的理想和信念，刻画和塑造大学生的精神灵魂。第二，业务精是职业能力特征的核心。辅导员是学生教育和管理工作的教育者、组织者和决策者，要具备宽厚的专业知识储备和精湛的业务能力，才能切实提高工作的实效性。第三，纪律严是辅导员爱国守法，遵守学校规章制度，履行工作职责的重要保证，也是辅导员责任感和自律性的具体体现。第四，作风正是辅导员"为人师表"的重要体现，注重辅导员的内在品质和修养，是辅导员队伍永葆凝聚力和感召力的强大动力。

高校辅导员职业能力具有以下特点：

1. 全面性

辅导员具有教师和干部的双重身份，决定了辅导员必须承担起学生的教育、管理、服务和发展的责任。与其他职业相比，辅导员工作涉及的学科领域比较广，工作职能涵盖了学生工作的方方面面。对辅导员在各个职业功能上应具备的能力提出了明确要求，不仅要求辅导员具备教育引导能力，还要具备如辅导咨询能力、调研分析能力、组织管理能力、网络技术掌握和运用能力以及应急处理能力等等，充分体现了辅导员职业能力的多样性和全面性。

2. 专业性

高校辅导员工作对象面对的是有思想、有个性、有潜能的社会个体，是具有多方面发展需要和发展可能的人，辅导员职业能力必须要具有专业性，才能满足学生全面发展的需求，主要体现在专业的理想和精神、专业的知识结构和专业的工作技能三个方面。其中，专业的工作技能是辅导员与其他职业人员的根本区别，是一种集专业的学习辅导能力、就业指导能力、心理咨询能力等多种能力的综合。高校辅导员职业能力的专业性更有利于增强学生工作的实效性，有利于辅导员在工作领域内选择某一两个着力点不断的发展和提升自我。

3. 发展性

辅导员职业能力不能停留在低水平上，要在基础知识、专业相关理论的基础上促进基本能力、专业能力的全面发展。伴随着工作的深入开展和培训的不断强化，促使职业经验得到积累、业务能力得到提高，使专业研究能力的方向趋于明确、专业胜任力更加突出、工作的着力点更加精准、专业化水平有所提高，体现了辅导员职业能力的发展性。

4. 时代性

大学生喜欢接受和尝试新鲜事物，是最具时代特征的群体，这就要求辅导员要用发展的眼光审视自身的工作。辅导员的知识储备要不断地更新与发展，思想观念要与时俱进，要时刻了解和掌握最新的前沿动态，如：就业形势、网络热点、国家新政策等，并在实践中不断创新工作方法和思路，逐步实现学生工作的科学化、现代化。

第二节　新时代提升高校辅导员职业能力的必要性

一、高校辅导员职业能力提升的必要性

伴随着时代的发展，社会环境发生了很大的变化，这也导致高校辅导员的工作环境产生了很大的变化，在如此形势下，高校辅导员同时面对着工作对象特点的变化、自我发展以及工作环境变化的挑战。高校辅导员需要持续发展自身的专业能力和职业素养才能够担任起培养担当中华民族伟大复兴大任的高素质人才。进入中国特色社会主义新时代，高校辅导员职业能力提升是一项系统工程依然任重道远、意义重大。

（一）国家进步、民族复兴、社会发展的需要

在现代这个多元文化的社会背景、复杂多变的国际形势背景下，时时刻刻都会出现许多非马克思主义社会思想对大学生的思想产生冲击。高校在面对不断更新的社会发展、时刻变化的国际局势、改革开放后涌入的外来思潮时，其实就是面对思想政治教育外部环境的变化，这对于大学生的思想教育政治教育工作有了新的不稳定因素。当然，在这些外部环境对高校思想政治教育工作产生新的困难时，也对高校辅导员提出了新的时代要求，这就导致当前的高校辅导员有了新的发展空间，辅导员的工作内容、工作职责的范围也需要不断扩大。因此，高校辅导员需要在三全育人的格局中做到"因事而化、因时而进、因势而新"。要求高校辅导员坚定自身的政治立场，具备更加敏锐的政治敏感度、更加丰富的专业理论知识以及更全面的综合素质。

（二）新媒体时代大学生思想政治教育工作发展的需要

随着科技的飞速进步，网络信息技术的应用已经步入各个领域之中，

而各种传播媒介的产生也使得媒体的重心由"PC端口"转移到"移动端口",这代表着自媒体时代已经来临。现代大学生是网络的"忠实用户",而随着移动时代的到来,他们更是移动网络的主力军。当前大学生所接收到的信息极为多样化,并且信息的渠道也是种类繁多,这使得大学生与社会时事和国际环境的接触再也不存在隔膜,大学生的价值观在多元信息和各种思潮的冲击下呈现出了多元化发展的趋势,具体表现为强烈的平等意识和对事物的批判意识。

辅导员不再把握信息的主导权和话语权,这就要求高校辅导员要提升自己对事物的敏锐性、对网络舆论的掌握能力。对传播媒介的使用能力、对危机事件的应对能力、对工作能力和技巧的运用能力等。也就是,高速发展的网络信息技术不仅使得大学生拥有了更广阔的视野,也要求高校辅导员不断提升自身的专业能力和综合素质,使得辅导员能够在发达的网络环境之中快速找到自己的位置,使自己能够快速适应时代的发展和环境的变化。在具体大学生事务管理之中,要能够掌握移动时代的传播媒介,努力解决新媒体理论宣传碎片现象,调整自己的工作方式,快速掌握网络特点,利用网络环境开展思想政治教育活动,将新媒体这个时代的"变量"变成教育活动中的"正量",最终促进大学生思想政治教育的发展。

(三) 高校教育改革发展的需要

伴随我国高等院校教育改革的持续推动和完善,我国高校的招生规模也越来越大,因此,当前的改革方向和深化趋势开始逐渐向着内涵式进发。在深化改革的过程中,提出了双一流建设要求,这就导致高校辅导员需要具备更加专业的能力和更好的综合素质。对高校辅导员的职业能力进行提高,可以帮助辅导员快速适应变化的社会环境和政治局势,能够更好地激发出辅导员的服务意识,更快地帮助辅导员更新教育理念,更有效地实施大学生事务管理工作。只有这样,才能够对学生的健康成长和成才提供保障,为大学生创造出一个良好的学习环境。

二、培养担当民族复兴大任时代新人的客观要求

在新时代中,根据目前的国家需求和社会需求,我国提出了"培养担

当民族复兴大任的时代新人"这一极具新时代特征的培养人才理念,这同时也是国家给予高校新时代的任务。高校在中国特色社会主义建设的过程中,承担起了培养为民族伟大复兴而奋斗的高品质人才,这对高校辅导员的职业能力也提出了更高的要求。高校辅导员是大学生在校园生活中接触最频繁的"人生导师"和"知心好友",对于大学生的行为规范培养、思想政治培养等方面都起到决定性作用,因此,高校辅导员需要掌握更加科学、先进的教育理念,以更好的观念和行为担当起培养民族复兴大任的时代新人的历史重任,谱写大学生思想政治教育新的篇章。

(一)准确把握新时代大学生思想特点的需要

现代大学生思想观念的外在呈现是独立性、自觉性以及隐秘性,并且大学生正处于价值观、思想理念以及道德素养养成的关键时期。由于大学生大多刚从应试教育中脱离,与社会的交互很少,因此对于很多社会问题缺乏是非判断的能力,并且因为具有较强的从众心理,很容易会盲目跟从舆论。目前,很多势力会利用国际媒体的优势对我国的大学生不断进行思想扭曲、传递非马克思主义思想的各种不符合我国国情的思潮,在这多种思潮的冲击下,我国当代大学生十分容易出现思想上的不确定性。而高校辅导员作为大学生的引导者,需要在大学生心中树立起权威的优势地位,同时要保证自身的思想道德理论扎实,能够成为传播正确思想观念的传播者。辅导员还需要以时代特点为基础,帮助大学生树立坚定的理想信念,让大学生能够在马克思主义思想和中国特色社会主义思想的引导下,成为能够不断强化自身思想政治素养的高素质人才。高校辅导员还需要帮助大学生能够在多元文化和多种思潮碰撞、冲击的环境下脱离多元意识形态的干扰,积极推动习近平新时代中国特色社会主义思想的发展,建立起一道思想的"防火墙",最终在认可社会主义核心价值观的基础上成长为符合社会需求的人才。

(二)做好大学生教育、管理、服务工作的需要

我国自进入 21 世纪之后,许多高等院校在不断合并和扩大招生规模,这使得高校在利益深化的时代背景下,大学生管理发生了转变。这种转变是由单一的行政化管理模式转变成为社会化管理模式,这种管理模式的转

变对于现代的高校辅导员而言是一种全新的挑战。高校辅导员作为大学生事务管理的第一线工作者，不仅要对大学生进行思想政治教育，还要负责大学生日常事务管理，要在工作的过程中融入学生群体、关怀学生群体，时刻关注学生的发展和成长，坚持使用解决学生实际问题和思想问题相结合的方法，帮助学生能够健康地成长。高校辅导员还要在班级当中进行组织和开展人际交往活动、社会实践活动以及文化素养培训活动。

高校辅导员在平常的大学生日常事务管理之中有着很多能够实践社会主义核心价值观的机会，如建设学生干部队伍、判断贫困生工作、评测优秀生工作、评测奖学金工作等。这些工作都需要辅导员秉持公平、公正、公开的原则进行评定。大学生管理工作十分繁杂，辅导员需要遵守"一把钥匙开一把锁"的工作原则，要针对不同的学生展开针对性的引导教育，要能够对每一位学生都进行思想政治教育。高校辅导员需要具备更好的专业能力和职业素养，以此满足新时期的社会和学生对于辅导员的需求，在日常工作之中，对学生遇到的困难和较为普遍的问题进行研究，找到其中能够进行思想政治教育的切入点，帮助学生进行全面的发展。

三、推进高校辅导员队伍专业化、职业化发展的必然要求

（一）辅导员队伍专业化发展的需要

高校辅导员需要具备多门专业知识和技能，是一门综合性很强但却自成体系的职位。高校辅导员的专业化是其职位发展的核心基础，对高校辅导员进行专业化建设能够有效推动高校辅导员的专业化发展，并且是引导高校辅导员走向专业化的最佳途径。高校辅导员专业化建设还能够帮助高校辅导员提升自身技能，掌握更多的专业理论知识，引导更多的教育从业者加入到高校辅导员的队伍之中，增加高校辅导员队伍建设发展的稳定性，同时，这更是许多辅导员从事该职业的动力，也是许多辅导员从岗位中感受到幸福感和成就感的源泉。以长远的目光来看，高校辅导员专业化发展还能够帮助辅导员提升他们对岗位的信息和认同感，并提升辅导员职业在社会中的地位和信誉，帮助自我向专家型辅导员发展。

（二）辅导员队伍职业化发展的需要

现代社会中，由于科技的进步和信息技术的高速发展，生产力的大幅度提升使得社会出现了高度分工，最终产生职业化。高校辅导员提升自身的职业能力能够有效推动辅导员队伍的建设，提升辅导员职业在社会中的地位，是保障辅导员队伍稳定发展的关键要素。

当我们站在发展进程的角度来看，辅导员队伍需要提升专业化水平、保障辅导员队伍发展的稳定性，就需要明确高校辅导员队伍职业化发展的导向，需要高校持续完善和优化高校辅导员制度，更新辅导员工作理念，对辅导员的工作内容和工作职责进行细化，同时还要设置完整的培训系统。高校需要持续对辅导员的工作体制进行优化，最终能够形成一个长期的辅导员职业化建设的体制。伴随着辅导员职业化发展的深入，辅导员不仅需要提升自身掌握的专业理论知识和技能，还需要不断探索辅导员职业的发展方向，明确辅导员职业发展的领域，对辅导员专业的理论知识和实践知识进行不断地研究，最终形成独属于自身的专业能力，让自己成为某一个领域内的专家，使自身能够朝向专家型辅导员的方向发展。

第三节　高校辅导员职业能力提升的现状与问题分析

一、目前高校辅导员职业能力提升的现状与问题分析

中央 16 号文件及其系列配套文件发布后，高校辅导员职业能力提升显著，在队伍建设、工作研究和职业培训等方面取得了成绩。

（一）高校辅导员职业能力提升显著

在中央颁布了 16 号文件以及相关的文件之后，我国各级、各部分都对此高度重视，这也对我国的高校辅导员队伍的建设、高校辅导员的研究工作中优化工作提供了很大的支持。高校辅导员的职业能力有了很大的提

升。高校辅导员职业能力是高校辅导员队伍发展到一定阶段之后的必然产物，因此，研究其发展与提升就需要以高校辅导员队伍建设的成绩为基础。

辅导员队伍建设环境改善。随着国内外形势急剧变化，培养社会主义合格建设者和可靠接班人的任务日趋紧迫，中央16号文件及其系列配套文件的出台，构建了高校辅导员队伍建设的政策体系，成为指导高校辅导员队伍建设的纲领性文件。各高校亦结合自身实际情况，制定出详细的队伍建设实施方案，从制度上予以充分保障，从而为高校辅导员队伍的可持续发展创造了良好环境。

辅导员职业化发展道路明晰。高校扩招，学生规模扩大使管理工作激增，复杂生源增大了思想政治教育工作的开展难度，社会对学生的影响冲击也日趋显著，传统的"宽进、精培、严管、优出"观念已经不再适合现代辅导员队伍发展。面对此种情况，一些高校已经将明确了辅导员队伍的职业化发展道路并取得了积极成效，高校辅导员队伍流动性大的旧况有所改善。

辅导员人事制度改革加快，通过岗位、编制、专业技术职务和行政管理职务的设定，内部考核和绩效工资制度的实行，高校辅导员队伍管理得以进一步规范。高校辅导员人事制度改革的施行，不但是各高校解放思想、从实际出发做出的明智抉择，更能有力地激发辅导员队伍的积极性和能动性，从而使高校辅导员队伍建设的种种举措落到实处。

（二）辅导员工作研究初现成效

辅导员工作研究的学科支撑形成后。中国高等教育学会高校辅导员工作研究分会也隆重设立，与高校人事制度改革的深入相得益彰。

学科建设初步成型。中央16号文件发布后，各高校以既有的思想政治教育等学科为基础，整合各方力量，开设了学生事务管理、学生发展指导等方面的专业，面向在职辅导员和有志从事辅导员工作的学子讲授涵盖哲学、政治学、社会学、心理学、法学等学科专业知识的相关课程，从而逐渐形成了学生事务管理、学生发展指导等新学科，为高校辅导员工作提供了智力支持和学科支撑。

研究协会已然设立。2008年7月，山东大学召开了中国高等教育学会高校辅导员工作研究分会成立大会。这意味着高校辅导员的工作理论知识和实践探索实现了进一步的发展，对展开辅导员工作交流、发展高校辅导员队伍、提升辅导员队伍凝聚力、促进辅导员队伍职业化发展以及建设辅导员队伍的专业化发展起到了重要的作用。

研究政策导向有力。随着高校人事制度改革的深入，高校辅导员的专业技术职务晋升渠道日趋通畅，鼓励高校辅导员对自身工作进行科学研究的政策制度和评价机制陆续出台，高校辅导员的研究热情被充分调动，一大批研究成果面世，不但有力地提升了辅导员的职业能力，也取得了良好的社会效益，从而为相关政策的进一步实施提供了积极反馈。

（三）辅导员职业培训方兴未艾

辅导员职业培训指的就是辅导员相关教育部门进行在职教育和训练活动，以帮助辅导员能够更好地掌握思想政治教育。发展指导与学生日常事务管理相关的知识技能，同时提升自身的工作能力，使自己能够使用辅导员职业的发展。辅导员职业培训可以帮助高校辅导员队伍建设的职业化、专业化和稳定化，能够保证辅导员队伍的可持续性发展，有效地提升辅导员的工作能力、专业知识。随着高校辅导员职业培训的逐步发展完善，高校辅导员的职业能力提升将取得积极成效。

二、高校辅导员职业能力提升有待加强

制约高校辅导员职业能力提升的瓶颈将长期存在，高校辅导员职业能力提升亟待加强。

（一）社会共识尚未达成

一方面，各级各部门"完成任务"的敷衍观望心态仍然存在；另一方面，社会上关于辅导员是暂时性工作的传统观念和"权宜交换"心理仍旧突出。

"完成任务"的敷衍观望心态仍然存在。高校的核心任务是培养社会主义的合格建设者和可靠接班人。人才培养需要加强高校辅导员队伍建设，加强高校辅导员队伍建设的具体措施是促进高校辅导员走职业化、专

家化的发展道路。高校辅导员职业能力提升是推进思想政治教育队伍建设的重中之重，更是高校辅导员职业化、专家化发展的必由之路。因此，应当从实现国家战略的高度去重视高校辅导员职业能力提升问题，从发挥高校社会功能的角度去思考高校辅导员职业能力提升问题，以促进高校长远发展为出发点去规划高校辅导员职业能力提升问题。

中央 16 号文件发布以后，各级、各部门相继出台了一系列配套文件，提出了一批具有重大而又积极意义的新要求、新任务。然而，在面对这些要求任务时，一些地方、部门和学校的领导往往从完成上级交派任务的角度出发，对于长远、全局的谋划相对缺失，面对自身管辖的学生工作系统，抱着"师父领进门、修行在个人"的心态组织工作、协调关系，对于落实的长效机制建设和效果检验相对疏忽，这种心态很容易在局部环境中酝酿发酵出观望心理，从而使高校辅导员队伍建设在客观上沦为"一阵风"。高校辅导员职业能力提升更无从谈起。

传统观念和权宜交换心理仍旧突出一方面。虽然中央 16 号文件在高校学生工作系统中产生了广泛而深远的影响，但由于高校辅导员队伍建设目前仍处于攻坚克难阶段，工作模式尚未显现，视辅导员工作为"青春饭""无技术含量""谁都可以干"的传统观念仍然在包括教育界业内人士在内的人们的意识中发挥着作用。尤其是当前辅导员队伍仍然是高校内部乃至全社会各条战线中最年轻的一支，很容易与上述偏见形成相互印证、相互加深的恶性循环。因此，倡导高校辅导员职业能力提升很难获得社会各界的认可和关注。

另一方面，高校辅导员在学生的奖惩资助、组织发展、干部任命、就业推荐及各种选拔、评价活动中，具有一定的话语权，扮演着资源分配者的角色。一些学生家长往往出于舐犊之情，罔顾工作原则与客观实际，以各种方式实施干预。

（二）校园机制有待完善

当前，辅导员职业能力提升的校园机制缺失，集中体现在校园内辅导员队伍所承受的两对矛盾上。

高校全员育人目标与辅导员单兵作战现实间的矛盾亟待解决。一方面，高校中知识培育体系与学生工作体系过度割裂。高校专业教师担负学生的知识培育职责，然而由于当前评价标准和激励机制的作用，除非有明确的激励政策和切实可行的操作办法，专业的学科教师一般情况下会将精力放在学科研究上，对于完成课堂教学以外的事务很少参与，这就导致学科教师出现教书到位、育人不足的现象。高校辅导员是大学生在校园的引导者，主要承担大学生事务管理工作以及拓展大学生课外素质的工作，辅导员不仅是大学生在校园内的知心朋友，更是大学生职业规划的引导者。但是辅导员不能参与到学生的评分和成绩评价，所开展的课外素质拓展课程只能作为学科专业的补充，这就导致了教书和育人无法进行融合，无法形成两者的良性循环，对于两个割裂体系的弥补有心无力。

另一方面，高校中与学生相关的各项工作集中压在辅导员的身上。辅导员要负责的学生管理工作极为繁杂，包括但不限于寝室管理、心理辅导、就业咨询、医保咨询、创业咨询、事件处理等诸多事务。即便是高校已经建立了相关的主管部门，但是具体的工作还是需要辅导员去完成，诸如学生逃课、学生安全事务、学生在日常生活中与后勤部门的冲突等事项，也需要辅导员及时出现，干预解决。如果说一定强度的事务性工作有助于提升高校辅导员职业能力，那么将辅导员淹没在琐碎事务中的"题海战术"则显然将剥夺辅导员努力提高自身职业能力的主、客观双重可能性，也与"进一步明确岗位职责"的辅导员队伍建设思路相左，最终有害无益。

辅导员责任重大与其在高校中相对弱势的尴尬现状有待改善。高校辅导员承担着维护高校校园安全稳定的重要职责，一旦出现学生人身伤亡、群体性事件、重大公共卫生事件等恶性事件时，高校辅导员往往工作在最前线，是实际上的第一责任人。这种重大的责任在选拔任用、考核评比等考察机制中有着极为明显的体现，但在津贴发放、职务晋升，劳动保障等方面，却与校内同级别员工大致持平，因而相较校内同级别员工而言，高校辅导员在职业生涯中实际面临更大风险。加之恶性事件的突发性特征，使其预防难度极高，高校辅导员往往处于"消防员"的待命状态中，面临高强度持续压力，极易产生职业倦怠，从而悲观消极，对提升自身职业能力的意义产生怀疑。高校辅导员在各种极端环境中的权益保障极度缺失。应当看到，当前高校辅导员在面对学生人身伤亡事件中可能受到的自身心理挫折和来自家长、社会的质疑，对于其自身身心健康具有巨大杀伤力。

与此同时，高校辅导员在学生公共卫生事件中感染传染病的几率远高于校内其他员工，针对辅导员群体的疾病预防和健康查体却鲜被提及，更无论制定相应政策对辅导员群体权益予以制度化保护。

（三）辅导员自身能力需要加强

职业能力提升的实质是主观条件的配置优化，因此，辅导员自身的自我管理能力、可迁移能力和专业知识能力都需要不断加强。

由于大部分辅导员经历单纯，视野局限，自我管理能力需要进一步完善当前。绝大部分辅导员都是从应届优秀本科生或研究生中选聘，虽然具备良好自我管理能力基础，但由于"从学校到学校"，很多在职高校辅导员跟社会的接触极为有限，更谈不上深入。相对单纯的经历，不但使高校辅导员在开展心理咨询、职业教育、生涯规划等工作时视野相对局限、缺乏说服力，同时更容易使辅导员在行为上、甚至政治思想上，受到复杂社会中消极因素的不良影响。

当前社会价值观念多元，意识形态领域斗争激烈，作为维护高校安全稳定重任的辅导员，如果仅仅从完成维稳任务、避免安全事故的角度出发从事思想政治工作，势必难以发挥队伍的组织优势和思想优势、难以发挥自身能动性。从这个角度看，高校辅导员的忠诚度、敏感性、责任心、抗压力等自我管理能力，仍然需要进一步完善。

随着个性化，精细化管理需求的增多，当前高校辅导员的日常事务管理工作数量急剧增长。质量要求也不断提高。可迁移能力是影响日常事务管理效率与质量的主要能力因素。应当承认，当前辅导员队伍是高校乃至全社会各条战线上最年轻的队伍之一。参加实际工作的时间相对较短，必须通过各种实际操作才能获得相对缺乏的专业技能和丰富的经验。同时，由于当前社会实际发展变化太快，新问题新任务层出不穷，从意识上自觉地、行为上主动地提升可迁移能力，应被当作长期任务加以重视。

学科驳杂，基础薄弱，专业知识能力需要进一步充实。一方面，现阶段我国高校辅导员专业知识能力"当精未精"，辅导员专业背景各异，具有思想政治教育等相关专业背景的辅导员屈指可数，专业知识上既无特别精通的领域，总体结构上也不全面。另一方面，由于辅导员在基层院系工作，对所带学生日常学习的专业知识有所了解，也是开展好工作的必要前提。

从辅导员工作研究的角度考察当前我国高校辅导员专业知识能力则可发现：职业能力研究作为高校辅导员队伍建设发展到一定阶段的产物，对于广大高校辅导员而言还是一个较新鲜的命题。高校辅导员在理论上对自身职业能力缺少清醒深刻的认识和积极有为的探索，研究意识弱，理论成果少，科研水平低。从上述角度讲，高校辅导员的专业知识能力需要进一步充实。

（四）职业能力提升制度需要健全

高校辅导员队伍建设作为一个长期、系统工程，必须长远设计，持续推动。当前的制度建设仍然停留在辅导员队伍建设的初级阶段。辅导员职业化、专业化发展的大方向固然明确，但对于如何走职业化、专业化道路的问题，仍然只是在工作研究领域探析，众说纷纭，莫衷一是，更未将队伍建设的各个阶段在研究成熟的基础上加以制度化。当前，辅导员职业能力提升研究刚刚进入人们视野，制度建设也自然相对滞后，缺少将其作为一个长期、系统工程加以长远设计、持续推动的制度体系，需要进一步加以健全。

（五）对既有成果的反思需要增加

高校辅导员职业能力提升作为高校辅导员队伍建设发展到一定阶段的必然产物，应当也必须在反思总结既有成果的基础上进行设计规划和具体实施。然而，当前对于既有成果，"向前看"的多、"向后看"的少，微观和中观视角多、宏观视角少，向国外学习的多、总结国外教学避免继续走弯路少。实际上，无论从宏观设计，还是到各级各部门的具体实施，我们在经过一段时间的实践之后，理应反观自省，查缺补漏，系统总结经验教训，从而形成进一步发展的必要积淀。而这种对既有成果的反思总结，恰恰是当前缺乏的。

第四节　高校辅导员职业能力提升的路径探析

一、构建辅导员职业能力提升内在发展路径

（一）提升个人思想素质和道德品质，增强职业理想

高校辅导员在加强自身的道德修养的同时还需要注意日常的小事，很多事情都是要从小事做起，小事之中蕴含着大的原则。要以自身作为榜样，用自己的高尚品质、道德涵养、职业素养、学习态度以及良好生活方式去影响学生，引导学生建立良好的行为规范，同时还要帮助学生建立正确的政治思维，让学生能够对党的方针、政策和发展路线有正确的理解。坚持使用马克思主义的思维方式和观念去影响周围的环境和人们，让他们能够自觉对外来的思潮有正确的判断，不要被负面思潮所影响。高校辅导员在工作中还需要秉持公平、公正、公开的原则，坚持不偏不倚，不夹带私货，不对学生产生偏见。做到为人正直、言行一致，用自己的人格魅力影响大学生。

（二）夯实业务基础，提高自身业务水平

随着辅导员工作的精细化，高校辅导员在提升自身业务能力的时候需要在以下几个方面进行：第一，提升自身的教育管理能力，高校辅导员所具备的教育管理能力会直接对大学生的学习以及校园生活产生影响，因此，高校辅导员的教育管理能力直接与学生工作的绩效有关；第二，高校辅导员需要提升自己与学生沟通的能力，高校辅导员与大学生在校园中关系最为密切，而辅导员负责的学生往往都是几十人甚至上百人，因此辅导员需要保持公平、平等、民主的心态与学生进行沟通；第三，高校辅导员需要提升自身的决断能力，辅导员在遇到问题时如果犹豫不决，会影响自

己在学生心中的地位，因此辅导员在解决问题时要能够果断、坚决，提升自身在学生心中的形象，使学生产生信任感；第四，高校辅导员需要提升自身的工作创新能力，随着时代的发展，每一代学生之间的特征都不相同，现代辅导员所面对的大学生基本都是"00"后，因此更应该不断更新工作方式，以适应当前学生的特征。

二、构建辅导员职业能力提升保障机制路径

（一）完善职后培训机制

1. 科学设计培训规划

首先，对于校本培训制度进行加强，要将高校作为培训基地，以高校辅导员和高等院校的实际情况为基础，明确培训目标、培训内容以及培训方式。明确培训目的，将解决高校辅导员实际问题作为根本目的展开培训活动。其次，目前很多高校辅导员出现对于本校内的培训活动产生了"免疫"的情况，这就需要辅导员校外或高校之间的交互，以此保证辅导员对于培训的积极性，达到良好的培训效果。在校外和高校间交互的时候，要选择表现良好的辅导员参加省级、全国的辅导员骨干培训活动，要始终保持"走出去、请进来"的原则，对高校之间的交互进行加强，在交流的过程中汲取各方优点，促进相互发展。

2. 有针对性地开展培训

第一，以辅导员群体的工作特点作为基础，对辅导员进行全面的综合性培训。由于高校辅导员在日常的大学生管理工作之中会涉及很多的繁杂事项，其中包括大学生日常事务管理、大学生学习管理、危机事件处理等。这就需要高校辅导员自身拥有较强的专业能力以及扎实的理论知识。第二，对学生的思想倾向的研究展开培训，由于现代大学生成长在一个科学技术发达、信息技术日新月异的时代，伴随着微博、QQ、微信等网络工具和平台的迅速崛起，大学生接收的信息呈爆炸式增长，这其中自然包括了各种思潮。因此，大学生的思想会快速形成社会化思想，对此，高校辅导员需要在自身的培训中增加对学生思想倾向的研究培训，以此来帮助辅

导员快速掌握学生的思想倾向。第三，展开老辅导员帮扶新辅导员的机制，让老辅导员将多年来的实践经验传授给新辅导员，最终使新辅导员能够快速适应工作，成为既有扎实的理论知识又具有一定的实践经验的合格辅导员。

3．完善培训方法

一方面对高校辅导员进行校本培训，现代的高校辅导员普遍具有高学历，但是经验相对不足，因此，要建立起新老辅导员相互交流、相互学习的培训机制，不仅能够让新辅导员快速积累经验，还能够让老辅导员学习最新的理论知识；另一方面，要根据现代高校辅导员的工作特点运用实践培训的方法，使用角色扮演、分析案例、模拟突发事件等方式，让辅导员能够应对实际工作中的各种情况。

4．注重培训效果反馈

培训效果反馈是培训最终效果有效评估的重要依据，是培训过程中一重要的环节。其目的主要有两个作用：一方面是客观评价管理培训的效果；另一方面是为下次培训的开展提供一些建设性的改进意见。

（二）健全考核评价机制

健全考核评价体系，营造有利于辅导员踏实干事业、干好事业能够脱颖而出的良好工作氛围。

1．辅导员的考核原则

（1）实事求是、客观公正、民主公开。

（2）工作态度、工作能力、工作实效与岗位工作量相结合。

（3）定性与定量考核相结合，以定量考核为主。

（4）学生测评、学院考评、学校考核相结合。

2．辅导员的考核方式

采用学生评测、学院分党委考核以及学校职能部门考核这三种方法相结合的考核方法进行考核。对高校辅导员的全方位进行考核，包括辅导员的德行、能力、成绩、勤奋以及清廉等各个方面。"德行"就是辅导员的思想政治、道德品质、工作态度以及工作作风；"能力"就是辅导员解决学生问题的能力、组织协调校园活动的能力以及创新工作的能力；"成绩"就是辅导员对大学生进行的思想政治教育、学生日常事务管理工作以及服务指导工作；"勤奋"就是辅导员在日常中的到岗情况、工作到位情况；"清廉"就是辅导员在日常工作中是否公平、公正、平等，自身是否自律、廉洁。

3. 考核评价的应用

高校辅导员的考核结果会直接影响到辅导员的晋升、奖惩、选聘与职务评价等。辅导员考核结果会记录到辅导员的个人档案之中，对于档案之中有优秀评价的辅导员会按照规定进行评选个人先进，被评选上个人先进的辅导员会被破格提拔。对考核不合格的辅导员应视具体情况，予以转岗、缓聘或解聘。

三、构建辅导员职业能力提升顶层设计路径

对高校辅导员制度和政策的监督、贯彻、管理进行加强，要明确制度管长远、制度管根本。高校辅导员队伍的发展是不能脱离中央领导、各级省市单位以及各高校的政策支持的，要能够将政策制度切实贯彻，将政策落到实处。一方面，高校要不留余力的对中央、各省市制定的政策贯彻落实，建设好符合要求的高校辅导员队伍；另一方面，要根据自身实际情况，制定适应的政策和制度，进一步发展高校辅导员队伍的建设和管理。

明确学科专业的支撑。辅导员在日常工作的开展过程中，由于工作的多样性，个体就要掌握多方面的学科知识，拥有全面的学科专业做支撑，才能更好地做好本职工作。

思想政治教育是本学科专业体系中的主要学科，辅助学科包括教育学、心理学、管理学等学科。高校辅导员入职后要增加自己的思想政治教育学科、心理学学科、管理学学科等方面的专业知识储备，在提升自身专业能力的同时，逐渐摸清楚现代大学生的思维规律以及思想动态。例如，学生一旦出现生理或心理上的问题时，很可能会向辅导员求助，此时辅导员就需要对心理学的相关知识有所了解，这样才能够解决学生出现问题，及时帮助学生。

要对高校辅导员职业的发展进行大力的扶持和激励。对于一名高校辅导员而言，职业生涯规划是极为重要的，只有辅导员职业拥有良好的发展潜力，高校辅导员才能够有工作的积极性，才能够树立自身的职业理想。高校可以激励辅导员进行积极的职业规划。如将辅导员队伍纳入"人才强校战略"，让辅导员和学科教师一样，能够明确晋升方向。

第五章 高校辅导员工作内容的专业化

辅导员的专业发展可以归属于教师教育范畴，可是又不能等同一般的教师教育，其专业发展的意义有多个诠释。本章将从辅导员工作内容的构成、辅导员专业化的发展途径以及高校辅导员专业化的标准与保障这三方面进行阐述。

第一节 辅导员工作内容的构成

对于高校辅导员而言，不同的工作角色所负责的工作内容也会有所差异。高校辅导员所具备的育人使命与其他各学科、各机构相比是非常特殊的。从社会的角度来看，高校是负责培养能为国家和社会作为贡献的高素质人才；从学生角度来看，高校是学生迈入社会，学习专业知识和提升自身能力的关键环节。高校是学生由青少年迈入成人的关键阶段，并且对社会的发展会产生很大的影响。高校基于个人价值和社会价值的双重价值取向要对学生的学习方式、生活方式以及行为规范时刻保持关注，也就我们常说的思想道德的形成。因此，这就要求从事学生管理工作的教育工作者需要完成繁杂的工作内容。

一、思想引导

对于高校辅导员队伍而言，思想引导是其中心工作，高校辅导员负责大学生的思想政治教育的引导工作，这在辅导员引导、培养大学生正确的思想政治发展方向和价值取向中有集中地体现。核心体现在让学生充满健康向上的正能量，并可以客观地分辨是非，坦然地面对成败。当代大学生身处在一个为胜利喝彩、为成功称赞的时代，因此学生需要具备良好的心态面对挫折与失败。在成长的道路上，学生所遇到的所有事物都是帮助其成长的必需品，因此，辅导员需要教会学生如何在失败中吸取教训、在教训中吸取经验，让学生正确认识到有些时候失败要比成功能够学到更多，对学生的思想引导既是一门科学，又是一个方法，是辅导员工作内容的中心。

思想引导的根本目的是要用观念形式、思想意识形式将当前社会的发展对大学生提出的需求反映出来，并且将国家和社会的大学生的成长方向、思想发展方向呈现出来，同时也是辅导员进行思想政治教育工作的基础和内因。高校辅导员对大学生进行思想引导的基础是对思想工作的目的明确进行，这也是提升思想引导工作动力的关键。引导大学生的价值观、世界观、人生观的基础是培养大学生树立实现中华民族伟大复兴、建设新时期中国特色社会主义理想，同时帮助大学生塑造爱国主义民族精神、坚持马克思主义理论和社会主义核心价值观，从而坚定大学生的信念，提升大学生的民族自豪感和爱国情怀。

思想政治教育并没有固定的政策、方法，也没有如同法律法规那样的权威的力量和强制性的规范，更没有政府组织机构那样的约束力，但是它能够正确引导人们的思想、观念、政治立场以及对待事物的态度，让人们产生自觉意识，有强大的内在影响力。高校之所以要展开大学生思想政治教育，其根本原因就在于提升大学生的思想道德素质和科学文化素质，同时还能够提升大学生的创造能力和认识世界的能力，让大学生成为建设中国特色社会主义的高端人才。但是，思想政治教育是一个长期的过程，这个过程需要分阶段逐步达成，需要明确每个阶段的目标，一步步引导大学生成为民族伟大复兴的开拓者。对于高校辅导员而言，其具体的工作就是加强对大学生的思想政治教育，帮助大学生正确认识自己与国家、社会之间的关系，让大学生树立建设中国特色社会主义的理念，培养大学生的爱国主义情怀，领会以改革创新为核心的时代精神，使大学生品德高尚、意志顽强、视野开阔知识丰富。大学生成长的基础是确立正确的成才目标，而成才目标确立的基础是理想信念。

思想引导过程的实现是需要高校辅导员与大学生进行相互沟通、相互交流才能够达成，就像物体的运动一定要有外在的力对其进行作用才能够实现一样。思想引导的过程实质上就是辅导员引导大学生与大学生接受辅导员引导的双向过程。目前，有许多高校辅导员认为自己遇到工作问题通常是思想政治教育的目标过于远大，这与学生在日常校园生活中遇到的问题无法关联，因此很多高校辅导员不敢向大学生进行思想政治教育的工作。为了将大学生培养成为综合型人才，高等教育在教学内容上要保持思想与科学的统一，最终引导大学生树立正确的价值观与人生观，使大学生能够具备认识世界、改造世界的能力。所以，高校辅导员需要将社会主义意识和思想政治意识变成大学生的思想意识，然后通过各种方式对大学生进行引导，让他们将这些思想意识内化成为自身的道德观念，最终形成行为规范。也就是引导大学生从"知"转换成为"行"的过程。

二、发展辅导

高校以及大学生对于"人的发展"的可能性的追求是大学生精神发展价值的最大体现。引导大学生不断发展是高校存在的核心价值，当我们站在发展的角度上看，大学生的发展也是教师存在意义的佐证。对于高校辅导员而言，引导大学生共同分享理想与希望是能够极大鼓舞辅导员工作激情的。高校辅导员对大学生进行学生日常事务管理工作时，要始终坚持引导学生发展的目的，辅导员对学生的发展进行辅导主要分为两个方面，一是专业素养发展辅导，二是生命健康发展辅导。专业素养发展辅导指的是辅导员通过引导和教学，提升大学生的专业能力，培养大学生的专业素养，最终让大学生成为适应社会发展需求的人才。在以往的传统教育中，人们往往认为学生进行学科专业学习是受到学科教师的影响，与辅导员的关联较少，这是由于学生所学习的学科大多数与辅导员的学科不同。但实际上，辅导员可以对学生的专业素养发展进行课外培训和拓展，这就是辅导员对学生进行宏观的专业素养发展辅导。

（一）学习发展辅导

高校辅导员需要在大学生进入校园的时候就开始对大学生的发展进行规划，要抓住学生对于未来的不确定和专业的困惑的时机，为学生介绍专业的发展情况，将学生选择的专业进行一次全面而细致的讲解，使大学生能够对学习的目的有明确的认识。高校辅导员还需要对大学生的基本情况有深入的了解，对学生的专业学习情况做一下评测，以便于引导和帮助学生解决专业学习中的疑惑和专业发展的困惑。培养大学生树立自信心和对专业的信息，引导学生对专业产生学习兴趣。以此为基础，引导学生制定专业的学习计划。高校辅导员不仅要对所管理学生的学科分类、专业设置、学科课程的基本内容、学分机制、专业就业等问题进行掌握，还需要让大学生根据本校实际教学方式、课堂模式为基础，与学生自身的家庭情况进行联系，制定出符合学生自身发展的学习计划，并在入学时便开始进行。

（二）生命健康发展辅导

高校辅导员除了对学生的学习发展进行辅导之外，还要对学生的生命健康发展辅导，生命健康发展是高校辅导员的一项重要工作。其目的是让每一个大学生能够在保持身心健康的基础上进行校园生活，并且为将来进入社会从事工作奠定基础。

第一，高校辅导员要引导学生培养健康的生活方式。与高中相比，大学生会多出很多闲余时间，而大学生正处于青少年步入成年的关键时期，这时期的大学生精力比较旺盛，因此可能会出现滥用时间的现象，在平时的生活中不注意自己的身体，对身体进行透支。大学生要养成良好的生活习惯，需要安排好自己的作息时间，由于作息时间紊乱是目前高校中较为常见的问题，这需要高校辅导员对学生进行正确地引导和教育，让大学生了解相关的健康理论，对自身的生命健康负责。另外，大学生还需要养成良好的饮食习惯，杜绝吸烟、酗酒等不良生活习惯，这也需要辅导员在日常生活中加以引导和教育。

第二，对大学生的心理健康保持关注，要引导大学生形成良好的心理素质。站在健康的层面，一个人的心理健康比生理健康更加重要。高校辅导员需要帮助学生进行自我认知，这需要学生要对自己的过往进行总结，并在与他人进行对比中准确地找到自己的位置，对自身的发展进行准确的评价，这也是个体发展的基础条件。对自己进行准确的评价能够帮助学生在行为活动中扬长避短、及时调节自我，表现出与环境相适应的平衡。高校辅导员还需要引导学生认识到"我是一个什么样的人?"让学生能够统一实际中的自我和理想中的自我。让学生明白对于改变外部环境而言,首先要改变的是自身对环境的适应能力。引导学生培养良好的心态、乐观的态度,积极自信地面对人生中出现的困难和问题,将目光放在正能量的一面,在日常的学习中体现出对个人前途的自信,与此同时,学会处理心理危机的基本方法。

三、事务管理

高校的校园生活是大学生步入社会的起点,高校辅导员的任务就是对大学生的校园生活、行为规范、思想观念进行引导和管理,这同时也是辅导员的工作内容。管理离不开制度和规范,辅导员进行学生日常事务管理工作时是通过学校制定的规章制度和规范进行的,学生日常事务管理主要包括规章制度的建立与执行、课外活动的组织与管理、集体建设管理与创新。

规章制度的建立是学生事务管理的基础。学校是一个学生生活、活动的场所,建立在一定的秩序和纪律基础之上。学校教育是一项公共性事业,应该被置于公共舆论之下,应该在人们都同意的基础上决定其内涵。发动学生共同参与制度的制定,使制度既反映学生自身发展的需要,维护其自身利益,又使制度的执行过程中将刚性的制度进行原则性与灵活性相结合。让严肃与人文关怀同步,原则与灵活性共生,学生自然就会焕发出生命的活力。

除了制定制度,引导学生进行自我管理和日常教育也能够体现出大学生事务管理。在日常情境中重要体现在对学生的课外活动组织和管理。这里所提到的课外活动主要包括空间上的寝室、课堂、社会实践活动;时间上包括课后与学习有关的活动。现代大学生已经产生出了一种寝室文化,这是由于大学生长时间待在寝室之中,所以,这种文化的存在也并不意外。活动的意义有很多,比如活动最有利于培养和发挥人的自主性、能动性和创造性。课外活动是教育工作,离不开教师的指导。

第二节 辅导员专业化的发展的途径

理想的辅导员以专业发展为取向，从根本上说就是要还原辅导员的教育性，这应该是一个整体发展的方向性途径。在宏观队伍的建设理念支配下，旨在建设一支"管用长效"的适应社会发展和人才培养的职业化、专业化、专家化的辅导员队伍。从专业培养、在职培训、岗位管理实践和专业标准建立以及体制机制保障等每个环节都提出建议和实施策略，并且提供实践样本。

一、开发高校辅导员的业内发展机制

辅导员工作致力于学生的全面发展。它是一门理论与实践相结合的专业，与高校教学科研岗位一样，有明确的专业要求。从人才培养的角度看，专业化是辅导员队伍建设的根本方向。要实现专业建设的目标，必须从规范职业准入、建立健全辅导员培训体系、探索辅导员考核激励方式、畅通行业发展机制等方面入手。同时，要注意把辅导员队伍建设的总体目标与辅导员的实际情况相结合，使辅导员真正明确自己的发展道路和方向，实现在行业中的职业生涯。

（一）构建高校辅导员的资格准入机制

员工具备国家相关行业标准规定的专业知识和能力，并通过指定权威评估机构的考试，被认定为具有专业资格。辅导员职业是一个综合性的职业，它包含了教育学、社会学等多个学科。我们必须建立严格的职业资格制度，以确保组织成员的专业性，增强组织成员的职业身份。在从"职前"到"正式专业"的专业化运动中，职业资格是促进专业化实现的首要因素。其次，在明确职业资格准入的理解和原则的基础上，探讨了构建职业资格准入的具体实施措施。

1. 职业资格准入的认识误区

（1）将高选拔标准与高学历混为一谈

任何特殊职业的选择标准都是严格、科学和实用的。这绝不是盲目追求高等教育。倡导高标准选拔，紧紧围绕促进辅导员专业化这一核心。教育只是制定标准的参考条件之一。过分追求高等教育容易陷入"唯教育"的误区，这对辅导员专业化极为不利。目前，受严峻的就业形势影响，一些应届研究生为了留在高校寻求发展机会，大多集中在辅导员的招聘岗位上。为了提高选拔任用效率，提高学校教师的声誉，高校把研究生教育作为选拔任用辅导员的重要条件，有的甚至把研究生教育作为必要条件。事实上，这一"只文凭"的招聘标准，完全无视辅导员的专业特点、高校特点和办学实际，没有促进辅导员的专业化，而且会使高校错失具有思想政治教育素养的本科人才，辅导员非正常流动的根本原因是发展机会的缺失。

辅导员职业化需要吸引政治性强、业务性强、纪律严明、作风端正的党员和学生，并结合高校的特点和方向，充分重视学科背景、价值取向、职业生涯规划、候选人的成长空间等因素，选拔和聘用"干得好、留得住"的优秀人才，建设一支稳定的、专业素质高的队伍，为辅导员专业化提供人才支持和组织保障。

（2）辅导员招聘程序依附于高校行政系统招聘

目前，高校辅导员的招聘程序大多服从学校行政招聘制度，与教学管理人员和后勤人员的选拔任用程序相一致，这是辅导员自身和社会职业定位不明确的重要原因。16 号文件明确规定，辅导员必须有坚定的政治立场，引导大学生自信地走社会主义道路，成长为社会主义建设人才。高校在选择和聘用辅导员时，必须把这作为一个重要的考虑标准。他们必须将辅导员的选择和雇用与学校行政系统的招聘区分开来。独立、特殊的选聘和聘用程序是确保辅导员切实成长为专业组织成员的关键环节。

2. 职业资格准入的原则

实现辅导员职业化的第一步，也是最关键的一步，是严格把关，有效吸纳德才兼备的思想政治教育人才。结合当前高等教育的实际，总结出辅导员选拔任用的三个原则：一是坚持质量第一的原则。辅导员必须正确认识和深刻理解社会主义核心价值观，牢固树立社会主义教育理念，牢牢把握社会主义高校人才培养宗旨，全面开展大学生思想指导和政治素养培养。夸美纽斯说："教师必须具备他想要培养的学生的品格。"作为教师，辅导员必须具备良好的公民道德素质和高尚的职业道德素质。只有具备良好的公民道德素质和正确的人生观，才能成为学生尊敬的道德楷模；只有继承高尚的职业道德，不断提高职业素质，乐于为学生服务，才能得到学生的敬佩、学校的重视和社会的认可。其次，要坚持结构优化原则。在选拔任用过程中，重视实践能力强、专业素质发展空间大的优秀本科人才，以及学术研究和理论研究能力强的硕士、博士人才，从而建立一个高质量的学术结构。高校要根据辅导员的实际专业结构，动态制定招聘标准，丰富和充实辅导员的专业结构，搭建辅导员工作交流平台，使不同专业背景的辅导员在开展工作时相互学习、共同成长，从而有效提高辅导员组织的专业化水平。关注从事一线思想政治工作的青年辅导员充满活力、热情的工作优势，搭建专业学术平台，传承优秀辅导员的工作经验，为研究型辅导员提供学术研究渠道，促进辅导员专业成长。最后，秉持职业流动原则。职业流动有利于保持辅导员队伍的生机和活力。因此，高校应从学校思想政治教育学科、哲学社会学科优秀专业教师以及获得全国优秀辅导员荣誉称号的优秀辅导员中选聘辅导员导师，实行辅导员导师制，使年轻辅导员能够在导师的帮助下迅速提高自身专业素养，积极投身一线思政工作，理论联系实际的创造性地开展工作。

3. 职业资格准入的措施

（1）公正选聘

科学合理的辅导员招聘信息需要严格的辅导员职责要求和正规的招聘程序。公开招聘信息是公平招聘的第一步，也是社会初步了解辅导员职业的窗口。严格的工作要求可以帮助想要从事辅导员职业的社会人员设定合理的职业目标，从而满足自身的职业发展需要，获得职业成就感和归属感。此外，严格的辅导员选拔任用程序不仅是提高辅导员选拔任用公信力的有力保障，也是辅导员专业化获得社会认可的有力措施。

（2）明确学历要求

候选人必须拥有教育相关学科的学士学位。同等条件下，具有教育专业背景的优秀硕士、博士生优先。大学可实施辅导员晋升计划，选聘优秀本科生，攻读教育相关学科硕士学位，毕业后签订正式合同。

（3）考核

考核应分为两部分：笔试和面试。笔试主要测试辅导员候选人的知识结构是否符合专业条件，对辅导员的专业性和综合性要求较高，主要包括教育指导、事务管理和人文社会科学综合知识。面试主要测试应聘者的专业技能是否能够胜任辅导员复杂的日常工作，主要包括管理、指导和服务学生的能力，以及开展与学生工作相关的学术研究的能力。候选人的团队合作能力、人际沟通能力和领导能力可通过无领导小组讨论进行测试。

（二）建设高校辅导员职后教育体系

职业是社会分工的产物，其专业化是一个等级递进的可持续过程。辅导员专业化的实现要求辅导员不断提高自身的专业知识和能力。生活在终身学习的社会环境中，为了培养大学生的终身学习意识和能力，辅导员的学习能力必须是持续的、进取的、充满活力的。辅导员职后教育体系的构建需要社会、学术界和高校的充分合作，构建集培训、科研为一体的教育平台。结合高校辅导员专业化的实际情况，应从学科建设、培训体系、职业社会化和评价机制四个方面构建完善的高校辅导员职后教育体系。

1. 设置高校辅导员的学科专业

目前，高校学科体系中还没有系统的辅导员专业学科子系统。二十世纪中旬，欧美国家的高等教育体系出现了类似于中国辅导员的职业生涯——高校学生事务管理。首先，它是教育管理的一个分支学科。经过成长和发展，它已经发展成为一个成熟的学科体系，并得到了社会的认可。学生事务管理的学科背景也成为欧美高校选聘辅导员的重要职业要求。学生事务管理学科素养及其学科研究成果已成为高校学生事务管理人员综合评价和晋升的重要指标，为我们探索辅导员学科建设开辟了思路。

设置合理的辅导员课程有助于提升辅导员专业素养，应充分考虑党中央对辅导员的教师和管理人员的双重角色定位，设置具有辅导员职业特色的教师专业课程和管理学课程。如何在教师专业课程和管理学专业课程中凸显辅导员职业特色，可以将课程设置与辅导员工作实际相结合，以教育学、管理学、社会学三个方面为依托来架构辅导员专业课程体系（如图5-2-1）。

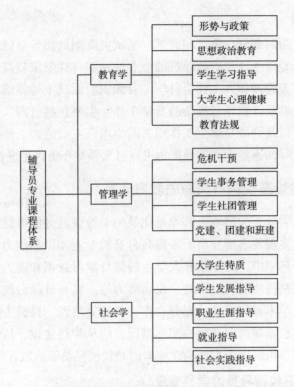

图 5-2-1　高校辅导员专业课程体系

在职辅导员专业学位提升计划：学校设立专业硕士、博士学位，用于辅导员在职学习和进修。这一专业学位不同于学术硕士和博士学位，更注重人才培养的实用性和应用性，无疑为促进辅导员专业化奠定了深厚的学术基础。

辅导员职后教育的关键环节是辅导员的专业学位和相关专业课程。尝试对辅导员的专业课程进行初步规划，希望通过专业学位提升计划，为辅导员总结实践经验、开展与其工作相关的学术研究提供支持。

2．开发层级分明的辅导员培训体系

（1）校本培训

高等学校可以根据学校的实际情况进行岗前培训、素质培训和事务性工作培训。岗前培训的主要内容包括：对通过选拔任用程序录用的辅导员进行正式的岗前培训，帮助其形成正确的职业认知，全面了解其工作职责、工作对象、相关教育法规和职业发展，使他们能够顺利、快速地适应

辅导员的工作。素质培养是指辅导员的政治理论素养的培养，主要包括辅导员学生思想政治教育和维护校园稳定的培养。思想政治教育培训可以围绕主题教育、专项教育和日常思想教育展开，使辅导员始终把握先进社会主义的主题，提高思想指导能力，成长为大学生的生活导师。维护校园稳定的培训，要着力培养辅导员的校园文化建设能力，使其能够应对校园突发事件，把握学生思想动态，营造和谐的文化氛围，抓住各种有利条件，建设和谐校园，真正担当党中央对辅导员的角色期待——大学稳定与社会保障的"监护人"。日常工作培训主要包括：培训辅导员日常事务管理能力，帮助辅导员明确学生发展不同阶段日常事务管理的主要内容和重点内容；在助学工作中，要对辅导员进行培训，使其认识到助学的重要性，掌握助学的具体程序，有效地帮助经济困难学生完成学业；培养辅导员职业指导能力，加强辅导员对大学生职业生涯规划理论知识的培养，使其能够对不同年级、不同专业的大学生进行有效的职业指导，解决大学生职业生涯规划的困惑和问题；培养辅导员的心理健康教育能力，使其能够熟练运用教育心理学理论，解决大学生在成长过程中遇到的各种困惑和无助。

（2）省级研修基地

各省根据本地区高校的实际情况建立研究基地，开展专项培训和辅导员培训。一方面，搭建专门的交流平台，解决辅导员工作中的热点和难点问题。包括如何创造性地开展主题教育活动，实现活动评价手段的有效性；如何抓住网络教育的阵地，及时掌握学生的思想动态；如何处理好党建、团建和班级建设的关系；培养和使用学生骨干；预防校园危机；解决校园文化多重冲突的有效途径；如何实现后勤社会化条件下的学生动态管理；如何在助学金管理系统中做好大学生还款监测工作。另一方面，对辅导员进行研究和培训。研究培训是从学术理论研究和学术实践研究两个方面对辅导员进行培训，致力于将辅导员培养成为具有完善理论知识和优秀实践能力的综合性专业人才。学术理论培训主要研究辅导员工作中的共性问题和规律，是辅导员专业发展的有力学术支撑；学术实践培训是组织辅导员到国外学生事务管理比较成熟的高校进行采访和学习，使辅导员能够站在国际化的角度开展学生工作，提高辅导员的专业水平。

（3）国家级示范培训

国家示范培训的对象是从全国高校中选拔出来的具有突出工作业绩的

优秀骨干辅导员。这些具有丰富工作经验的辅导员，特别是在辅导员工作领域具有省级以上研究课题的辅导员，聚集在一起参加全国辅导员培训，这将是全面提高辅导员专业化水平、推动辅导员专业学术团体向专业组织发展的一件盛事，专业组织是辅导员专业化的坚强后盾。国家示范培训由专业学术培训和骨干培训两部分组成：一是在高校建立辅导员培训试点基地，通过专业学位课程武装辅导员的专业知识和能力，全面建设一支具有精湛专业水平的专业辅导员队伍。当然，这里的专业学术培训不同于上述在职辅导员的学位提升计划。这是一项针对高级和专家顾问的学术培训计划。目的是帮助辅导员在自己的研究领域取得更多的学术成果，使其成为辅导员的学科带头人。二是在全国定期举办辅导员骨干培训计划，探讨当前辅导员工作中的热点问题，统一辅导员工作认识，引导辅导员牢牢把握大学生思想政治教育规律，从而确立辅导员专业组织的工作宗旨，提高组织的公信力。

3. 建设辅导员职业教育的培训评估机制

评估机制是保证辅导员培训机制有效性的必要条件。高质量、公平、科学、合理的评价机制可以对辅导员培训效果进行客观反馈，对提高辅导员培训效率具有重要作用。辅导员培训体系的评价分为有效性评价和责任性评价两部分。有效性评价的对象是受训人员参加培训后的学习效果及其对组织的贡献。责任评价的对象是培训师的责任，主要是根据反馈结果及时调整培训方向，提高培训水平。

（1）对受训者的效能评估指标

反应指标：主要测试接受培训的辅导员对培训计划的满意度，主要包括培训计划是否满足辅导员的培训期许、培训内容是否切合辅导员工作的热点和难点、培训方式是否新颖。可以通过问卷、访谈的形式来了解辅导员对以上问题的真实感受。学习指标：主要测试辅导员对培训知识和技能的掌握情况，通过量化手段比较培训前后辅导员的测试结果，判断培训的效率。行为指标：主要测试辅导员接受培训后职业行为的变化程度，通过跟踪受训辅导员重返工作岗位后的工作动机、态度和效率是否发生变化，评价培训效率，这一变化能否提高辅导员综合素质的评价水平。结果指标：主要测试受训辅导员学生管理的效率，主要评价班级学风、后进生转化、学生违纪程度等。

（2）对培训方的责任评估指标

计划指标：主要测试培训计划的程序是否规范、内容是否切合辅导员工作需求、目标是否明确、时间是否合理。设施指标：主要测试培训主办方提供的培训场所是否适宜、培训设备是否齐全、多媒体教学工具是否得以充分利用。师资指标：主要测试培训教师的专业知识是否丰富，专业技能是否符合专业标准的要求，教学方法是否新颖，教学内容是否恰当。教材指数：主要测试教材内容深度与参训辅导员专业水平的一致性。只有当教材内容略高于学员现有知识水平时，才能激发学员的最佳学习动机，使培训效果达到最佳水平。

（三）推进高校辅导员职业成长

建立和完善辅导员专业发展机制是加强辅导员专业建设的内在要求。如果辅导员的发展设计不系统、不合理，辅导员就无法在自己的岗位上实现职业生涯、实现自身价值、获得职业认同，最终导致人员过度流动，无法形成结构合理的骨干队伍的恶性局面。因此，必须做到以下几点。

1. 不断完善辅导员队伍管理体制

高校辅导员队伍作为高校教师队伍中的重要一员，很长时间都缺少相应的工作评估机制，导致辅导员的工作职责范围不稳定，无法建立起科学的管理制度。从以往的辅导员情况来看，高校辅导员队伍长期处于非专业化的工作状态是由于政策的不完善导致的，如辅导员的待遇偏低、工作职责不明确、发展制度不完善、体质不健全等。所以，在党委的领导下，各大院校应该建立责任制，即党委领导下，相关部门参与确定辅导员工作方向、制定其发展计划、完善其政策体系、明确其职责范围，辅导员严格贯彻这一标准化模式并保证其有序运行。

2. 建立健全辅导员队伍的运行机制

科学、合理、有效的辅导员运行机制是保障高校辅导员队伍专业化的基础。运行机制中需要包含选聘机制、培养机制、评价机制以及流动机制。选聘机制的核心在于建立入职标准，构建起一个以辅导员职业认证制度为核心的选聘体系。培训机制需要将全面性、专业性作为基础，组建岗前培训制度和职业长期培训机制。评价机制要秉持公平、公正、全面、公开的考核原则，以辅导员考核指标作为基础建立考核体系，对辅导员的政治业务素质和履行岗位职责的情况做出合理评判，让他们工作有章可依，从而激发辅导员工作热情，使业内充满生机活力。流动机制就是要保证高校具备一支数量稳定的专职队伍，做到"专职为主，专兼结合、相对稳定"，实现合理流动，一方面保证辅导员业内职业前途，另一方面促使辅导员真正把自己的工作向专业化方向发展，把辅导员工作当成是可以终身从事的事业才奋斗。

3. 创新辅导员队伍的全方位服务机制

一是积极营造良好的工作环境，切实把辅导员队伍建设纳入学校人才队伍建设总体规划，鼓励辅导员创新、探索、实践，营造鼓励成功、容忍失败的积极氛围，为他们提供施展才华的平台和空间。二是积极营造良好的生活环境，协调学校各类人才建设，对辅导员队伍建设给予同等的政治待遇，在政策上给予优惠支持，在服务上给予统筹考虑。第三，积极争取广泛的社会认同，帮助他们找到自己的职业认同，并从为社会做出贡献中获得直接的成就感，从而积极有效地开展工作。

4. 完善辅导员自我发展机制，建设终身学习型辅导员队伍

一方面，辅导员是辅导员队伍的建设者，必须不断增强自身的修养和发展能力；另一方面，今天的时代是一个快速变化的时代。知识和信息更新非常快。大学生出生在思想解放的改革开放时期。他们的思想水平差别很大。只有建设一支终身学习辅导员队伍，才能适应当前国内外形势和大学生思想的新特点。首先，要让辅导员树立辅导员工作是一种特殊职业的观念，避免跳板观念。二是努力提高专业水平，广泛参与教育教学实践，为专业化道路提供支持。最后，辅导员应加强沟通，建立学习型自我培训机构，提高自身的专业素质，使辅导员队伍成为一支积极、创新、进取的专业队伍。

二、建设高校辅导员专业化建设的支撑体系

做好高校辅导员队伍的专业建设，必须为辅导员队伍的发展构建良好的支撑体系。辅导员有较强的团队建设意愿，并期望有一个系统的支持系统，确保辅导员团队有活力、动力和能力走向专业化道路，要从政策保障

和职业信任两个方面为辅导员提供全方位、多层次的帮助和支持。

（一）建设高校辅导员专业化政策保障机制

1. 高校辅导员专业化政策保证的必要性

辅导员专业化水平的高低直接决定着高校思想政治教育质量的优劣。当前的国际竞争是人才和科技的竞争。归根结底，要依靠强大的师资力量，这也是中共中央大力推进辅导员专业化的重要原因。辅导员专业化的实现需要国家、高校、市场和自身专业活动的配合。在职业活动过程中，辅导员必须逐步形成高度的组织自主权，规范组织道德，以自身的职业优势创造社会效益，才能获得国家和社会给予的市场保护。辅导员职业只有得到政府的高度认可，并在专业领域拥有权威和控制权，才能实现职业化。辅导员职业正处于专业化的持续发展过程中。迫切需要建立科学客观的组织规范，明确成员的工作范围、收入回报和责任。因此，国家对辅导员专业化的政策保障十分重要，是社会和学术界判断辅导员专业化成败的最可信标准。

2. 高校辅导员专业化保障机制的构建

（1）保障机制的构建原则

首先，高校要坚持公平原则。高校必须努力平衡辅导员与专业教师、管理者与辅导员之间的利益关系，在此基础上建立内容适当、方式适当的辅导员保障机制。只有这样，辅导员保障机制才能得到充分落实和长期运行。此外，在保证公平原则的基础上，高校对处于弱势地位的辅导员给予适当的政策倾斜，在基本保障资源、岗位晋升、培训、科研等方面为辅导员开辟绿色通道。

其次，高校要坚持强化的原则。根据斯金纳的强化理论和访谈研究发现，辅导员工作的主要驱动力之一来自学校给予的各种激励，规范的惩罚措施也对保证辅导员工作的自律性起到了很好的作用。因此，辅导员保障机制应坚持强化原则，积极运用激励政策，增加有利于专业化的专业行为频率，通过物质奖励（津贴、工资、继续教育等），同时，我们应谨慎使用惩罚政策，减少不利于专业化的行为。通过降职、处罚、减少奖金等惩罚措施，对不利于辅导员专业化实现的行为进行厌恶性刺激，减少甚至消除这种消极的职业行为。上述奖惩机制有利于规范辅导员的职业行为，促进辅导员探索工作规律进行学术研究。

最后，高校需要贯彻整体性原则。辅导员保障机制的基本属性是满足辅导员的生存需要和职业发展需要，促进辅导员职业专业化。受当前多元文化主义的影响，辅导员的生存和职业需求也在发生变化。差异性和多样性是新时期辅导员需求的新特点。面对这一新特点，在构建辅导员保障机制时，要坚持总体原则，保证机制内各项制度的连续性和系统性，探索一套"严格准入、明确责任、管理专业卓越和高产量"新方案。

综上所述，辅导员保障机制的构建应遵循平衡原则、强化原则和整体原则，并结合实际情况进行构建，确保其具有较强的可操作性。这非常有利于平衡学校各方利益，协调整体性与多样性的冲突，调动辅导员参与专业建设的积极性。

（2）建构辅导员保障制度体系

需要根据辅导员的实际工作情况，构建辅导员安全保障体系。目标是保持辅导员工作效率，促进辅导员专业化，保持辅导员良性、稳定、适度流动，提高辅导员专业素质。以下是基于上述目标构建辅导员保障体系的三个体系。

第一，建立评价体系。结合辅导员的实际工作，辅导员的工作职责范围不是很明确，这也是制定评价体系时的一个重点考虑因素。以下主要就如何解决辅导员工作在评价过程中难以量化的问题提出对策。中央要号召全社会整合各地辅导员的考核管理体系，在明确辅导员职责的基础上，制定科学的考虑标准并发布《辅导员综合评价大纲》的法律文件，规范辅导员的评价行为。从区域高校的实际出发，依托省级辅导员培训基地，构建一套实用、客观、明确的评价标准，构建自我评价与其他评价相结合、定量与定性评价相结合的长效评价机制。围绕辅导员自我效能感的实现，建立激励性评价体系，促进辅导员高效、创新地参与辅导员专业化大事业。以省级辅导员培训基地为基础平台，结合全省高校辅导员专业协会和社会专业评估机构的力量，建立独立的辅导员评估管理机构。

第二，建立激励机制。实施辅导员激励制度，约束辅导员的职业行为，肯定辅导员的敬业精神和高尚的职业道德，激发辅导员的职业成就动机。搭建辅导员施展才华、提升职业素质、明确职业前景的职业发展平台，激发辅导员自我提升的内在动力，促使辅导员努力获得社会声望和职业地位。根据辅导员既是教师又是管理干部的实际情况，实行双重晋升的保障政策，在工资津贴和职称评定上给予适当的帮助。对优秀辅导员给予物质奖励和升职，对考核不合格的辅导员给予降职降薪。

最后是组织保障体系的构建。高校要从培养社会主义合格建设者和可靠接班人的战略高度，重视领导管理，建立健全辅导员组织保障体系，为辅导员的日常工作和个人发展提供良好的支持和服务。首先，要建立全体辅导员阳光政策体系，明确辅导员的工作职责，通过对辅导员专业化的各种政策引导和支持，提高辅导员的专业技能和专业水平，增强辅导员队伍的稳定性。其次是为具有专业优势的辅导员提供专业学位提升机会，为心理压力大的辅导员提供心理咨询，为生活困难的辅导员提供精神和物质支持。通过这些有针对性的专项政策，突出高校的"人文关怀"，使辅导员能够真正感受到政策体系的人性化。最后，通过对优秀辅导员的扶持政策，对辅导员队伍中的优秀人员进行专业培训、专业考核和专业奖励，促进辅导员队伍整体水平的提高，形成专业的辅导员队伍。

（二）提升高校辅导员专业组织的效能

1. 高校辅导员专业组织建设的必要性

（1）专业组织建设是高校辅导员专业化的外部支撑

辅导员职业组织在维护辅导员权益方面发挥着重要作用。规范化的专业组织可以保证辅导员获得公平合理的物质分配，争取辅导员的职业权力、准入控制和职业自主权，帮助辅导员获得社会荣誉。此外，专业组织还可以开展相关学术研究活动，出版专业刊物，联系高校辅导员组织交流活动，形成社会"压力群体"，提高辅导员的专业认可度。

（2）高校辅导员专业组织建设可以规范辅导员专业化行为

专业组织是成就专业人员、创造专业知识和服务意识的重要环节，辅导员专业组织可以通过建章立制促进辅导员伦理规范和权利义务的实施，规范其专业行为，强化其专业意识和责任感。

2. 建设辅导员专业组织的路径

（1）推进辅导员专业研究

美国学生事务管理团队非常重视相关工作的专业研究，几乎所有工作领域都有专门的专业期刊供组织成员分享研究经验。因此，要促进我国高校辅导员专业化，必须依靠专业组织大力开展专业研究，使辅导员从经验丰富的"新手"成长为实践研究的"专家"。当辅导员的个体专业化水平达到一定水平时，就会出现一种停滞的"高原反应"。此时，专业组织需要给予专业指导，帮助辅导员以团队的专业实力，在工作实践中反思和学习自己的经验。这也是辅导员专业化成长的关键一步，也是辅导员突破"高原反应"的重要环节。因此，专业组织必须大力推进专业研究，开展更多的研究活动，挖掘辅导员的科研潜力，促进辅导员研究反思能力的提高；引导辅导员承担传播信息和研究成果的责任，并在此基础上，积极努力履行政府和社会的责任。

（2）增强辅导员职业认同感

目前，辅导员仍然是高校教师队伍中的弱势群体，但他们肩负着高校人才培养的重任，具有很大的失落感。因此，专业组织应充分发挥组织力量，保护辅导员权益，整合辅导员意见，仲裁辅导员纠纷，代表辅导员发言，从而成为提升辅导员职业认同、激发其职业潜能的有效助推器。构建覆盖全国各地的包括国家、省、重点高校辅导员在内的辅导员专业组织权益维护网络，使全国所有辅导员都能通过组织活动参与、集中，建立强烈的职业归属感和职业认同感。

（3）制定辅导员职业标准

标准是衡量事务的准则，标准就是为了克服人类活动中无标准的任意性而产生的。当前辅导员的职业定位和职业标准存在着较大差异性，还没有形成国家性职业标准。辅导员专业组织致力于辅导员专业定位研究，制定辅导员专业标准，强化主动研究意识，从专业服务和规范化指导的角度，制定统一的专业资格准入标准、专业操作标准等一系列专业自我管理规则，并可根据实际情况的发展变化及时修订完善。辅导员职业标准可分为以下三类：一是制定国家辅导员职业标准，构建国家辅导员专业化标准框架。作为最高法律规定的辅导员职业标准，由国家辅导员职业组织进行修订和完善。二是制定地方辅导员职业标准，在国家辅导员职业标准框架内，结合地方教育发展实际，制定具有地方特色的辅导员职业标准，由省辅导员研究会组织实施。第三，制定高校辅导员的职业标准。高等学校根据自身办学特点和发展方向，制定具有校本特色的辅导员专业标准，由学校专业组织完成。

第三节　高校辅导员专业化的标准与保障

一、高校辅导员职业化发展的标准体系

高校辅导员一种国家承认的职业，该职业的诞生与发展都具备特殊的历史意义和现实意义，伴随着社会的飞速发展，我国高校的教育事业也在不断完善和发展，高校辅导员的工作内容和工作职责也随之持续发展。高校辅导员是新时期高校教师队伍的重要组成部分，与其他职业相比，高校辅导员的职业发展具备十分鲜明的时代特点，这不仅是高校辅导员职业的群体标准，更是高校教育和社会对于辅导员职业化、专业化推动的落脚点。辅导员职业化发展的标准体系是引领高校辅导员职业化发展的基本准则，包含专业标准、准入标准和发展路径。

（一）专业标准

专业学科要求。高校辅导员职业化的核心在于专业标准的确立。专业学科是辅导员职业化的重要基础，而辅导员的专业学科包括马克思主义理论、教育学、心理学、管理学、政治学等学科。当前社会对于高校辅导员队伍提出了非常高的要求，如政治观念强、业务能力强、综合能力精。在横向的角度，新时期大学生的需求多元化、层次化、个人化，高校辅导员的岗位因此被细分为了思想政治辅导员、学生管理辅导员以及学生发展辅导员等，不同的岗位有着不同的职责，所负责提供的专业帮助也不同。在纵向的角度，辅导员为顺应"专业化、专职化、专家化"发展的需求，本着"教书育人、管理育人和服务育人"的指导思想，确定自己的专业方向，培养自己的专业特长。

专业知识要求。高校辅导员需要具备马克思主义理论基本知识、思想政治教育专业基本理论知识、大学生思想政治教育工作实践知识。当前的社会对于高校辅导员提出了更高的要求，不仅要求辅导员的专业知识扎

实，还需辅导员具有过硬的专业能力，而当代辅导员也希望自己能够在岗位有所作为，这就促使高校辅导员队伍的专业化、职业化的发展。当我们站在个体的角度来看，想成为一名合格的辅导员必须具备相应的文化背景、专业知识、专业技能以及专业素质。辅导员需要能够以专业理论知识为基础，开展高效地工作，而不是完全凭借以往传统辅导员所遗留下的经验。辅导员更需要能够坚持在工作岗位上，做到长期从事辅导员工作。当我们站在整体辅导员队伍的角度来看，高校需要建立起能够帮助辅导员学习、进阶等完善的培养机制，同时构建科学、合理、有效的辅导员考核机制和选聘机制，需要对辅导员进行全面、科学的岗前培训和在职培训，必须要有科学合理的分流机制，在流动中稳定骨干，在动态中优化结构。

（二）发展路径

针对辅导员具备教师和管理干部双重身份，构建辅导员职级分类和职务晋升发展机制，为辅导员职业化发展解除后顾之忧。职级分类按照职业标准的层次性、职业发展的渐进性，有针对性地为辅导员"私人定制"职业化发展体系，将辅导员职级分为初级、中级、高级，有助于辅导员职业化的逐级推进。职务晋升方面，辅导员可享受与行政人员相当的待遇。通过辅导员双轨发展机制，极大地激励辅导员队伍职业化发展，从而整体提升辅导员职业化水平。辅导员的职业化建设，必然要求职业化的辅导员队伍是一支开放发展、充满活力的职业化团队。根据《普通高等学校辅导员队伍建设规定》，辅导员的职业发展通常有"专业技术职称、行政职务职级和地方后备干部"三个方向。从辅导员自身发展角度看，每位辅导员都应结合自身的实际情况，树立自己的职业理想，制定自己的职业规划，不断提升自身内在素质，抓住各种机会发展自己。

二、体制建设保障

体制建设的核心内容是领导体制和管理体制的建设，就是要明确辅导员队伍建设的领导责任与管理关系，是辅导员队伍建设的基础，是辅导员队伍建设各项工作得到落实的组织保障，也是建设辅导员队伍各项措施实施的工作方法，是优化辅导员队伍结构，提高辅导员队伍素质，保证辅导员队伍稳定的基础。

（一）完善"双重领导"的领导体制

高校辅导员的专业发展标志包括两部分，一是专业知识和技能要具备一定的成熟度，二是高校的专业制度发展到一定的成熟度。在我国颁布的《普通高校辅导员队伍建设规定》有明确的规定，高校实行学校和院系双重领导。学校施行统一领导责任制，院系施行直接领导责任制。高校中的各个学生工作部门施行学校管理辅导员的工作职能。这里提到的"双重"不是指重复性，而是要能纵向的层次上建立责任制度，明确责任分工，形成工作合力。双重领导体制的职能体现有所不同。

从学校领导的功能的角度来看，其具体体现在制定计划、协调管理、监督等多个方面。制定计划就是根据党和国家对于高校大学生的思想政治教育工作队伍建设的要求，将具体的政策和方针与高校的人才培养工作相互结合，制定出科学、合理、有效的高校辅导员队伍建立的计划，让高校辅导员队伍能够成为高校教育队伍、高校科研队伍中的一部分，共同推动高校教育的发展。

协调管理指的是在学校党委的领导下，负责学生管理的领导作为牵头组建起辅导员管理机构，机构中包括以下几个部分：学生部门、人事部门、教务部门、科研部门、团委、财务部门、后勤部门、宣传部门、保卫部门等。以高校的统一辅导员队伍建设规划作为基础，各部门在各司其职的同时相互作用、相互协调。从体制的角度而言，协调管理能够保障辅导员队伍的资源和平台。

监督指的是高校在制度的范围内建立明确的职能部门，并通过职能部门明确辅导员的工作职能，所有高校辅导员队伍的发展和管理都要通过相关部门的培训和考核才能够落实。监督部门与高校中的科研部门、院系教学、党务工作等部门处于相同的地位，也促使高校辅导员队伍的考核标准与学科教师处在相同的位置。在管理方面，院（系）对辅导员有直接管理责任，按照学校学生工作部门管理辅导员队伍的要求，制定符合本院工作实际的具体辅导员绩效考核办法，以工作实绩为评估重点，打造一支由本院本专业特色的精干辅导员队伍。

（二）落实"双重身份"的管理体制

高校辅导员不仅是高校教师队伍中的重要组成部分，同时也是高校管理队伍中的重要一员，因此，高校辅导员同时具备了教师和管理者的双重身份。高校在运行的过程中需要将辅导员归纳到教师队伍和党政干部队伍之中进行管理。

高校辅导员发展的基础条件就是高校需要在行政体制上建立"双重领导"，在管理体制上建立"双重身份"。这样不仅使得辅导员在政策理论具有合理性，还能够使得高校辅导员在实际工作中为高校辅导员队伍制度的建设和完善提供重要的实践经验，从而将高校辅导员建设的规律呈现出来。从高校辅导员的发展角度来看，关键的问题在于坚持和落实，就是要使辅导员的管理完全纳入与专业教师和干部队伍的同样的管理轨道，以保证辅导员队伍长期、稳定、健康地发展。

三、机制建设保障

辅导员队伍的机制建设是建立在健全"双重领导""双重身份"体制基础上，围绕辅导员队伍建设的各个环节，认真落实各项建设工作，切实实行科学化、制度化的工作方法，形成健康的辅导员队伍建设的长效机制。

要有开放式的大队伍发展理念和宽视域的大队伍建设理念，辅导员队伍建设的长效机制要求队伍建设具有活水式、引流式的开放特征，即辅导员队伍的人才引入、职业发展路径的动态发展理念。这一点在专业培养没有完全进入常态化以前更显得尤其重要。对辅导员发展历史的梳理及对辅导员制度的案例分析，我们提出并论证的辅导员专业发展问题就包括队伍机制建设所要解决的方面。在认识方面，社会对辅导员队伍建设的规律性认识尚不充分。辅导员建设仍主要依靠行政命令、文件规定的层面，按照政府的工作任务来布置、完成。在管理方面，辅导员队伍建设的问题见诸各个环节，这在我们调查的过程中反映出来的问题也是最多的。

人口方面数量和质量都存在问题。数量方面，辅导员的发展速度滞后于高校扩招学生的增长速度；质量方面，人才选拔的科学性、专业性都不能得到很好的保证。因为没有辅导员的行业资格标准，没有基础的专业培养，就难有科学的准入制度，出现选聘过程的随意性也是在情理之中。在考核方面，因为辅导员的岗位职责模糊，所以导致考核办法流于形式，出现考核结果不能科学地反映出辅导员工作实绩的局面。在培训方面，因没有科学的培训体系支撑，辅导员的素质与能力得不到提升。在队伍精神面貌方面，辅导员队伍的职业生涯能力下降，不合理的岗位流动破坏了辅导员队伍发展的平衡，辅导员自身失落感与职业倦怠问题突出。辅导员队伍的机制建设，就是要通过制度化的工作方法，探索行之有效的措施，完善长效机制，解决以上几方面的问题。

（一）建立科学的选聘和培养机制

即使建立了辅导员的入职标准，但因为没有明确条文的要求和行之有效的监督，辅导员准入制度仍然只停留在口头层面。选聘机制要求在国家劳动人事管理部门审批后按一般职业标准设计辅导员的入职标准，彻底解决目前辅导员仅停留在高校内部的一类岗位的层面上。这是一个复杂课题，需要国家教育、劳动、人事部门三方联动，使辅导员职业社会化、标准化。另一方面要有机制保障高校对辅导员进行专业的培养。

毕竟，目前中国高校的辅导员专业培养还没有进入系统性的阶段，这也是辅导员最根本上需要解决的问题。没有经过专业培养的各层次专业毕业生的参与，虽然辅导员选聘渠道的优化，选聘过程的公平，选聘方法的改进等都在一定程度上对辅导员选聘机制有所改善，但也都是治标不治本的事情。高校领导对选聘过程的认识偏差造成的随意性和主观判断仍然对面试结果起到主要作用。高校人事部门没有把辅导员的招聘纳入人力资源管理的范畴，没有科学的指标用来考核应聘人员的思想政治教育和管理方面的素质和能力，招聘的程序、方法尚不成熟。这些问题的存在都跟辅导员的培养过程的专业性有着直接或间接的联系，完善并切实落实辅导员的专业培养机制是辅导员队伍机制建设问题解决的结点所在。

（二）完善规范的考评、激励机制

按照马斯洛的需求理论，人的需求是按照生理需求、安全需求、社会交往需求、尊重与自我实现需求这几个层级逐渐提高的。评价体系直接影响的是辅导员对自身的尊重与自我实现的满足，可见科学的考评体系的重要性。而科学的考评体系的建立是需要完善的考评机制做保障的。传统的"德、能、勤、绩"考核的各方面都很重要，但业绩应排在考核指标中最重要的位置，因为"绩"是以"德、能、勤"为基础的。

激励方面，一是合理的工资定位。就工作复杂性来说，辅导员队伍的整体工资水平应该是高于一般教师和行政人员的。毕竟辅导员的工作与一般教师相比是需要额外付出的，所以理所应当追求相对高的收入。个体对自身利益的追求正是市场经济的原动力所在。

二是辅导员的工作时间的弹性安排问题。辅导员白天与行政人员同样坐班，而下班后处理工作的问题可是司空见惯的，对辅导员实行弹性工作模式是完善辅导员激励制度的一个主要问题。

三是管理过程的发展性激励措施。加大对辅导员进行科学研究的激励力度，增加辅导员进修机会，给辅导员向专任教师发展和干部提拔任用的政策倾斜等。考评和激励要全方位地体现在薪酬、晋升、培训等各方面的机会，确实存在问题时，警示、处罚也不例外，这样的考评机制才会推动辅导员的健康发展。另外，制度上淡化科研和教育改革的功利性，切实从发展的角度考虑辅导的发展问题，使辅导员能够心平气和地面对科研和职业发展带来的压力，增强他们对职业的认同感。辅导员的考评机制与辅导员专业化发展水平息息相关，直接影响辅导员职务、职称的规范、科学以及团队健康发展。因此，必须要建立科学、合理的辅导员考核体系。这样就能提高辅导员队伍的稳定性，使更多的辅导员能在敬业的基础上乐业。

科学合理的辅导员考评制度是辅导员队伍实现可持续发展的重要保证，因此应该从多方面多角度予以考虑。人们对评价制度的关注主要的是工作目标落实的效率和效果的问题，同时也关注学生满意度的问题。

（三）落实长效的培训机制

在很长时间里，高校辅导员都采用的传统培训方法，这种已经不符合现代教育发展的培训方法一度成为教师专业发展的唯一范式。目前，传统的培训方法已经无法满足社会对高校提出的要求，也无法满足高等教育发展的需求。高校辅导员队伍是一个自我成长，能够进行自我管理的队伍，从专业者的角度来看，辅导员具备了专业的理论知识，并根据理论知识形成了适应岗位特点的实践知识。现存的辅导员培训中心是以个体、可供参考的技能为依据，拓展和增加已有的专业技能，是由经验者将学习者进行传授。但是这种培训方式实际上是用发展作为"专业"的掩体，寻本溯源后，我们能够发现，以往的"重视使用、轻视培训、轻视培养"的现象是由于长期以来培训机制不完善导致的。

高校辅导员的专业发展并不是一种短期的工作，而是要建立起长期的有效培训机制，秉持使用与培训同等重要的原则，对辅导员进行分层次、多种形式、重视效果的培训，结合岗前与在岗、全员与精英、日常与专业、学历与实践等方面，对高校辅导员培训体系进行全位地改善。同时，要善于利用教育机构和教育协会的力量，将现有的国内、国外的资源进行充分地利用，保证所有培训措施都能发挥出应有的效用。

四、组织建设保障

辅导员的发展既包括辅导员个人的发展，也体现在辅导员队伍整体的发展，从专业发展的角度是指成立专业发展的组织——辅导员专业协会。

（一）规范和引领学生事务工作走向专业化

现在辅导员专业发展的依托组织是专业协会，可以涵盖学生事务管理人员、学生事务专业教师，也可以包括有意从事学生事务工作的大学生及热衷于学生事务管理工作的专家、学者、学生事务官员等。

专业协会的核心作用即规范和引领学生事务工作走向专业化，主要是通过制定和推行高校学生事务管理的专业标准，以此来保证学生事务管理人员达到一定的专业水平，在不断学习、研究和创新的基础上，鼓励发展更为科学、有效的学生事务工作模式。学生事务管理的专业标准是规范学生事务工作人员行为，为其日常工作实践提供具体的标准。遵守这些行业标准才能使学生事务工作者形成规范的工作作风，行动上为学生们树立良好的榜样，同时也使得学生事务工作有章遵循。对学生事务管理工作的发展方向引领也是专业协会的重要功能。

(二) 打造辅导员专业发展的平台

凝聚服务功能是专业协会的基本职能,凝聚本行业的专家、学者、实践工作者,聚集力量服务于行业,推进行业的发展。辅导员专业协会的主要功能是服务于学生事务管理人员,为其提供职业发展空间。辅导员得到了良好发展的同时也推动专业协会的发展。

搭建辅导员专业化发展平台。首先,专业协会能为辅导员的再教育提供培训平台,帮助新从业人员完成由初级人员向专门化人员的过渡。其次,专业协会要努力为成员提供专业沟通和交流的平台,通过交流与沟通。互相借鉴成功经验,更有效地应用于实践工作。定期召开特定议题的小组会议,开展学术论坛,使内部成员有就专业问题进行交流的机会。协会网站会及时上传各高校辅导员们工作的情况和经验心得,通过协会的工作小组对相关情况进行研究、总结,形成各种案例;建立全国层面发行的高校辅导员协会刊物,推广项目,介绍经验,选登论文。论文可以作为辅导员职务、职称评聘的成果。再次,专业协会还能参与辅导员考核与评价。形成专门的辅导员考核评价体系,为广大辅导员的发展及激励保障机制做出贡献。通过考核评价体系的建立,来提高学生事务人员成为专业人士的社会地位。

最后,专业协会还要致力于辅导员队伍的自主发展,通过开发辅导项目,鼓励辅导员自行研发项目,充实辅导员业务。对优秀的辅导员组成项目组,建立项目开发的数据库,以此来充实辅导员的业务内容,改进辅导员工作的方式方法,提升辅导员的工作兴趣,激发辅导员的工作热情。

五、物质资源建设保障

我们知道,辅导员专业发展有三个维度:一是从辅导员个体的维度来看,专业的知识基础的提升和内在认知能力的提高是辅导员专业化的基础;二是从高校的维度来看,辅导员的专业化是需要组织上给予一定保障的,从准入资格、在职培训到继续教育,以及职业发展道路的开辟都是需要高校拿出实实在在的行动的；三是从整个社会和国家来看，辅导员队伍专业化是一个为提高自身社会地位而进行努力的过程，政府和社会各界的支持非常重要。纵观辅导员发展的历史以及通过横向的国际比较，不难得出如下结论，就是中国辅导员的发展不可以脱离中国国情，要具有中国特色。没有外部环境的支持，其目标实现只会是遥远的梦想。针对以上几方面的工作，在辅导员管理机制方面必须有一个强有力的物质资源保障机制来支撑。否则，前面所讲的一切诸如选聘、考评、激励、培训等机制将成为一纸空文。建立和完善辅导员工作的物质资源保障机制，有利于促进高校辅导员队伍的发展建设。

对大学生教育和管理工作的制度化、科学化进行推动，对提升高校辅导员的职业发展和服务具有十分重大的意义。每个高校都需要为高校辅导员配备独立的辅导员集体办公室，配备辅导员独立的办公设备。但是实际情况确实很多高校的并没有为辅导员配备独立的办公设备，也没有为辅导员建立独立的办公环境，有些高校的办公设备十分陈旧，这些都是亟待解决的问题。国家、省、市和高校都需要对高校思想政治教育工作的资源有所倾斜，要在人力、物力、财力等方面给予保障。高校需要建立专门的工作委员会，将所有辅导员与相关领导纳入部门之中，建立一套科学、合理、有效的管理机制，负责辅导员的培训、考核、评价、选聘等工作。另外，教育主管部门、高等学校应在辅导员培训深造、工作及生活待遇上给予法律、政策上的保障，让文件、规定都能得到落实。

第六章　高校辅导员工作模式制度优化与推进策略

本章将从四个方面对高校辅导员工作模式制度优化与推进策略展开分析，分别为高校辅导员工作模式所存在的问题、高校辅导员工作模式创新的必然、高校辅导员工作模式创新的基本设计以及高校辅导员工作模式优化的过程与策略。

第一节　高校辅导员工作模式所存在的问题

随着全球化速度进程的加快和我国高等教育的不断改革创新，国家和党中央通过出台一系列的政策、制定相应的培训计划，以保障高校思想政治工作的实效性，强化高校辅导员队伍建设，为高校辅导员工作开展提供保障。

对高校辅导员工作模式产生影响的因素分为积极因素和消极因素，这里主要从消极影响因素的角度分析。究竟是哪些因素对高校辅导员工作模式造成了消极影响。这些消极影响因素的性质是否有区别，是什么原因产生了这些消极影响因素？这些影响因素又是怎样对高校辅导员工作成效产生的影响。为了更好地认识和了解辅导员工作模式以及探索优化辅导员工作成效的有效路径，需要深入了解当前高校辅导员工作模式现状，并对辅导员工作成效的消极影响因素进行分析。

一、影响高校辅导员工作模式的基本因素

影响高校辅导员工作模式的基本因素是指贯穿于整个高校辅导员工作过程，并且决定高校辅导员工作模式的根本性质的因素。解决了影响高校辅导员工作模式的基本因素就意味着解决了高校辅导员工作中的根本问题。对于高校辅导员工作来说，高校辅导员工作的主体（辅导员）、客体（大学生）和环境（社会）是中心环节，也贯穿高校辅导员工作过程始终，是高校辅导员工作根本性质的一组范畴。高校辅导员是在新时代中国特色社会主义事业发展的进程中，建设"有理想信念、有道德情操、有扎实知识、有仁爱之心"的高校辅导员队伍，把大学生培养成为德智体美全面发展的社会主义合格建设者和可靠接班人，从而实现中华民族伟大复兴的中国梦，因此可见高校辅导员、大学生和社会是决定高校辅导员工作根本性质的因素。因此，高校辅导员、大学生和社会三者以及之间的关系，就是影响高校辅导员工作模式的基本因素。

（一）高校辅导员对大学生思想政治教育的"应然"要求与大学生"实然"思想政治水平之间的差距

思想政治教育能够帮助人类建立思想观念、政治观点、行为规范以及道德水平以满足当前阶段的社会发展需求。高校辅导员是高等院校中思想政治教育的中坚力量，其对大学生进行的思想政治教育也属于普通的思想政治教育。大学生本身的思想政治水平与社会需求的思想政治水平还存在一定的差距，因此，目前已经出现了大学生思想政治水平与社会要求思想政治水平之间的矛盾，这样的矛盾使得更多的大学生能够重新认识自身的道德品质，及时修正原有的政治观点以及道德思想，更好地适应时代与社会的发展。

在社会心理学的角度来看，大学生思想政治教育的基本矛盾是思想政治教育主客体的应然与实然的矛盾，对高校思想政治教育工作成果产生影响的因素也是因此而产生的。高校大学生思想政治教育需求与大学生实际的思想政治水平之间的差异主要体现在以下三个方面。

1. 教育者的主导性与受教育者的自主性之间的统一标准不一致

在社会意识之中，思想认识作为较为深刻的理解是十分重要的，并且受到社会发展的影响。社会意识不会没有根据的出现，因此，即便是那些错误、扭曲的社会意识也可以寻根溯源找到对其影响的社会存在。马克思曾经说过："意识从始至终都是只能被意识到的存在，人们的存在就是人们实际的生活过程，因此，物质生活的生产方式对整个社会生活、精神生活以及政治生活有起到决定性的制约作用。"马克思的这段深刻揭示了错误的思想认识一定是由于错误的社会存在引起的，寻找社会存在的根本就是提升人们思想认识的基础。

大学生思想政治教育是高校辅导员工作的首要任务，由于高校辅导员在专业理论、教育技巧、知识学历等方面具有较大的优势。因此，高校辅导员作为教育者，在开展大学生思想政治教育的过程中发挥着主导性作用，通过显性和隐性的思想政治教育活动的设计、实施和组织，对大学生的思想政治教育进行方向校正、内容调整、时间控制以及动力的激发，从而对大学生的思想认识和意识形态产生重要影响。在传统的思想政治教育理念中，高校辅导员在大学生思政教育中使个人价值的追寻成为主流。大学生正处于人生观、世界观、价值观塑造的重要时期，其思想很容易受到网络中所宣扬的新自由主义、个人主义、拜金主义等思潮的影响，体现出其以自我利益作为其思想、行为和道德规范的衡量准则，从而在工作、学习和事业的追求上也难功利化和实用化，轻视对思想政治的认识。

在道德品质和文化内涵的培养中，由于重视能产生经济利益的实用性技能，轻视对社会的贡献，重视对自身的好处，因此成为"精致的利己主义者"。造成精致利己主义者的原因，一方面是源于我国无论是基础教育还是高等教育，当前仍然没有走出以分数高低作为人才评判标准的同时，将分数作为对人才的统一化标签，从而异化了教育价值观，影响了人的全面发展。另一方面也暴露出当前国人的价值观仍不成熟，仍然需要继续培养和实行社会主义核心价值观，用科学的价值观来引导和规范每一个社会成员，遵守文明的秩序和公共行为准则。

2. 大学生"知"与"行"的统一标准不一致

大学生成长成才，也需要在实践中逐渐积累知识和经验，从感性认识上升到理性认识，再由理性认识促进实践。从教育心理学的角度来说，大学生思想政治教育需要经历同化—记忆—模仿—传播四个阶段。同化阶段是指当大学生的思想意识对思想政治教育表示认同后，主动地选择对自己有利的信息进行认知并服从于该类知识信息系统。记忆阶段是指大学生在思想政治教育的理论和实践中从初始的被动接受心理逐步演变为主动接纳心理，对相应知识信息主动记忆，并与自己的情感、态度和价值观相融合。模仿阶段是指大学生具有的知识迁移能力，让学生能够举一反三，通过学到的知识信息产生对更多知识信息的认知，从而积极地转化为外在行为进行表达。传播阶段是指在经历知识信息的内化和外化之后，大学生不再满足于个体内部的自我认知系统，而是希望将自己的理论通过人群传播和媒体传播等方式实现更大范围的推广，并在身体力行的传播过程中学习新的思想政治教育内容，最终实现自身的全面发展，成为国家和社会需要的人才。"纸上得来终觉浅，绝知此事要躬行。"大学生"知""行"合一是当前高校辅导员工作面临的重要问题。客观世界和真理本身的发展是一个永无止境的过程，人们对真理的认识也是一个渐进的过程。人生观、价值观引导人们改造主观世界，提高人们的思想认识和政治觉悟，这也是一个无休止的矛盾运动过程。辅导员做好大学生的思想政治工作，培养大学生的目的是提高他们的思想政治觉悟，大学生的思想指导不可能一蹴而就，也不可能在服务中完成工作。辅导员在工作过程中，不能强行改变大学生的错误观念，而应循序渐进、潜移默化地进行引导和教育，既要鼓励学生自主学习、自主管理、自主服务，培养学生的创新意识和社会适应能力；又要通过班集体活动、社会实践等方式来培养学生的集体主义精神、社会责任感和家国情怀，用责任、担当、修养、作风，来培养大学生的思想素质和道德品质。

（二）社会对辅导员工作成效的要求与辅导员自身水平之间的差距

培养什么样的人才，高校如何培养人才，为谁培养人才，关系到实现中华民族伟大复兴的中国梦，具有重大而深远的战略意义。随着社会的不断进步和发展，青年大学生的思维方式、方法、价值取向和观念发生了很大变化，国家和社会对青年大学生的培养要求也发生了很大变化，相应地对高校辅导的工作成效提出了更高的要求。然而，当前我国高校辅导员的发展仍与国家和社会对辅导员的要求之间存在较大的差距，主要有以下两个方面的原因。

1. 辅导员有限的理论水平难以满足无限的思想政治意识形态

当今的国际社会已经发展成为一个多元化、全球化、政治多极化的复杂体，中国特色社会主义也进入了新的时期。在这样一个复杂、多变的时期，中国特色社会主义在发展的过程中出现了许多问题，急需的变革和转型，互联网技术的飞速发展使得当前社会完全进入到信息时代，推动了国内外社会思潮不断地涌现。不仅出现了爱国主义、马克思主义、集体主义、社会主义等思潮，也出现了狭隘主义、历史虚无主义、民族主义、拜金主义等负面思潮。多种思潮相互影响、相互叠加，最终形成了多元化思潮的局面。

高校对大学生的培养能够建立意识形态和引领社会思潮的。在新时代的背景下，高校辅导员要能够以大学生的未来发展为重点，抓住当代大学生的时代特征，摸索出一套能够引导和教育大学生身心健康发展的教育体系和教育方法，最终能够不断完善我国的高校教育制度和体制，对新时代的种种挑战发出最坚定的回应。

然而，意识形态作为一种思想观念本身是没有边界的，加之在网络技术的推波助澜之下，意识形态领域更是日新月异、变化万千，因此高校辅导员有限的理论水平和无限的意识形态之间存在较大差距。由于高校辅导员本身专业背景决定了其对意识形态的把握程度参差不齐。尽管当前大部分高校辅导员学历层次逐步提高，大多数是硕士研究生，甚至不乏博士研究生，然而对学历门槛的提高却忽略了从事辅导员工作所应具备的马克思主义理论知识和思想政治教育专业知识背景。

马克思主义理论知识的缺乏和系统的思想政治教育理论功底薄弱，使辅导员在开展意识形态建设工作中根基不牢、信心不足、力度不够，对大学生的社会思潮引导的方法手段更是单一枯燥。

2. 辅导员有限的精力、能力难以满足变化的大学生成长成才需求

党的十九大指出，进入中国特色社会主义新时代，我国社会主要矛盾已经转化为"人民日益增长的美好生活需要和不平衡、不充分的发展之间的矛盾"。时代的发展使人民的需求有了更高层次的要求，同样，随着当代经济全球化的进程和社会先进科技的快速发展，新时代大学生成长成才

也对辅导员工作提出了更高的标准和要求。

第一，网络思想政治教育难度加大。随着移动互联网的发展，一方面新媒体技术为人际交往提供了便捷，也加大了思想政治教育环境的复杂性。充满匿名性的虚拟世界让"人人都是麦克风"变成现实，传统教育积累的思想政治教育成果容易受到网络不良信息影响。另一方面随着移动互联网的发展，新媒体与大学生学习、生活的高度融合，体现时代特色、符合大众时尚心理的新媒体流行语也在大学生群体中大范围地传播流行起来。为了确保大学生网络思想政治教育的实效性，需要辅导员对新媒体流行语有较为深入的了解和运用。

第二，大学生心理健康问题日趋凸显。由于高等教育大众化实施和社会进入转型时期，大学生的心理健康问题在家庭因素和社会因素等影响下呈逐年递增现象，由心理健康问题引发的大学生人身伤害问题层出不穷。然而，高校专职心理咨询师的数量严重不足，心理健康教育资源仍需进一步完善。许多高校把辅导员作为大学生心理健康教育的重要力量，通过辅导员的相关能力培训和考核，以此来提高辅导员研究和判断大学生心理问题的能力，解决一般心理问题。

第三，创新创业教育要求较高。自2014年李克强总理提出"大众创业、万众创新"的号召以来，短短几年的时间，创新创业教育已然成为当前高校最为关注的焦点。然而，实际创业的人毕竟是少数，创新创业教育更多是为了系统性地培养大学生的创新精神、创业意识和创新创业能力，从而为经济社会长期健康可持续发展提供保障，为创新创业实践源源不断地输送人才。高校辅导员在大学生创新创业教育中占重要地位。国家和社会的发展对高校辅导员的创新创业教育素质提出了很高的要求，要求其为大学生在创新创业上提供理论和实践指导，以帮助大学生创造更适合成长和发展的环境和平台，激发其创新创业的干劲和活力。

此外，大学生的日常事务管理、行为规范教育、安全稳定维护、党团班级组织建设、学习能力提升等方面，都随着时代的发展对辅导员提出了较之以往更新、更高的要求。

然而，当前许多辅导员受客观因素影响，无法完全满足大学生变化的成长成才需求。造成这一问题的原因之一是工作职责和内容划分不清。由于大学生成长成才涉及方方面面，而高校辅导员作为与大学生接触最为紧密的教育工作者，与大学生有关的事情都会一定程度上与辅导员存在联系，这样就导致辅导员的工作量在无形的增加，花费更多的精力和时间在一些琐碎的事务性工作，造成没有更多的精力和时间去创新工作方法或理念，就会缺乏对辅导员岗位特点和规律的探索、思考和把握，专业化素质无从谈起，也没有足够的精力和能力有效开展网络思想政治教育、心理健康教育和创新创业教育以及其他教育工作。

另一个原因则是当前针对高校辅导员业务能力培训不够。尽管高校辅导员上岗前都经历过专门的培训，但是普遍存在岗前教育与岗后培训存在脱节。首先，培训针对性不强，缺乏规划，对培训的渠道、培训的内容和培训的计划需要进一步进行系统的思考和设计，缺乏对辅导员年龄、专业、工作年限区分的多层次培训体系；其次，培训的有效性有待加强，未建立培训的考核机制，只有对参与培训的辅导员进行培训效果的考核，才能增强培训的实效性；最后，缺乏培训的长效机制，培训时间不足，培训的时间普遍比较短或者比较零散，从而难以在短期内实现素养、知识和能力的系统提升。

二、影响高校辅导员工作成效的主要因素

对高校辅导员工作成效产生影响的主要因素指的是在那些能够在高校辅导员工作之中处于主导、主要地位，并且能够决定高校辅导员工作水平的决定性因素。高校辅导员的工作内容非常繁杂，工作所涉及的范围面也非常广，而这之中就会有几组因素能够决定高校辅导员的工作成效。高校辅导员的工作成效作为一个子体系是高校辅导员工作体系中非常重要的一环，它与高校辅导员的工作对象、工作内容、工作价值、工作素质以及工作过程这五个子体系共同构成高校辅导员的工作体系。而这五个高校辅导员子体系恰好体现出了高校辅导员工作的主体与客体之间的关系。所以，影响高校辅导员工作成效的主要因素实际上就是其主体与客体相互作用之后出现的。当我们站在高校辅导员工作的实践角度来看，高校辅导员的工作内容、工作方式、评价体系以及发展环境等因素构成了影响高校辅导员工作成效的主要因素，而正是由于这些因素之间的互动，才推动了高校辅导员的工作发展。

（一）事务性工作与塑造性工作之间存在冲突

1. 事务性工作与塑造性工作的内涵和特性

将高校辅导员工作内容按照工作性质划分为事务性工作和塑造性工作两个大类。其中事务性工作主要是指辅导员以"学生"为出发点，为了维护学生权利、督促学生成长、解决学生实际问题而贯穿于整个育人过程，为学生日常事务管理和校园危机事件做应对，其中学生日常事务管理包括：评奖评优、奖勤助贷、深入课堂、走访寝室、党团建设、就业派遣、谈心谈话、信息上传下达以及基础数据统计上报等工作。辅导员事务性工作具有以下特性。

一是联动性。即需要学校各部门在学生管理过程中有效地进行多部门良好沟通，实现信息共享，整合教育管理资源，联合行动，协同处置管理中事件的规范化运作模式，从而发挥各部门"全员育人"的协同作用；二是技巧性，即不能仅凭简单技能的施展与叠加，而是充分运用技巧将教育智慧和专业素养进行有机结合；三是程序性。辅导员的工作虽然是因事而化、因时而进、因势而新，但仍然遵循着人和事物发展的一般规律从而有程序性的体现，需要辅导员做好日常事务的任务管理，分清事务的紧迫性和优先等级，以便工作的顺利开展。

塑造性工作主要分为两大类，一类是以大学生为主体，对大学生的思想观念、意识形态和素质能力进行塑造和引导的教育工作，另一类是以辅导员自身为主体，对辅导员职业素养、职业能力、职业规划进行塑造和培养的发展类工作。其中针对大学生的塑造引导工作主要包括以解决学生思想问题为主的理想信念教育、价值观教育、爱国主义教育、道德教育的思想政治教育，以及以帮助学生适应学习和社会需求的学业指导、心理健康教育、创新创业教育、职业规划和就业指导。而针对辅导员的塑造类工作主要包括：

第一，德行管理。要能够做到严于律己、强化自身、规范行为。要能够成为学生的榜样，一心一意对待教育事业、礼貌真诚对待同事、平等友爱对待学生，在工作的过程中不断完善自我、优化自我、发展自我，让自己能够成为一名道德品质优秀的高校辅导员。

第二，提升业务能力。高校辅导员的工作是教育学生，因此需要不断提升自己的业务能力，这其中不仅包括了工作能力、教育能力，还包括了组织能力、研究能力、表达能力以及沟通能力等。只有辅导员掌握了足够扎实的业务能力，才能够在教育学生的过程中得心应手，及时处理各种问题。

第二，打造自身的人格魅力。由于高校辅导员是具有多重性的职位，在校园中有多个角色，因此需要辅导员具备不断提升的自身的专业知识、教育能力、人文素养和道德水平，将自身打造出拥有令学生信服的人格魅力，能够将自身的"高道德品质、高学识、强专业能力"展现在学生面前。

高校辅导员对学生的进行塑造的工作有以下几个特点：第一，交互性。辅导员的交互性首先体现在与学生的关系之中，当前辅导员需要用平等的态度去与学生交流，而并非传统师生关系中的强势交流，其次体现在辅导员与学生交流的过程中，能够通过彼此的互动促进彼此的成长，最后体现在辅导员在不断完善自身的过程中提升自己与群体交流的能力；第二，阶梯性。也就是不管是辅导员的发展还是学生的成长都要一个过程，是需要有一定经历才能够不断成长和发展；第三，个体性。不管是辅导员的发展还是学生的成长，根本需求都是自身内在的发展需求，对于不同个体需要采用不同的方式进行引导和教育才能够提升他们的综合能力。

2. 形成冲突的原因

从事务性工作和塑造性工作的内涵和特性之间的对比可知。这两种工作的类型具有较大的差异，且两者的重要性不分伯仲，因此无论哪一类的工作都需要付出足够的时间和精力才能确保完成。然而，在实际工作中，辅导员往往会陷入大量的事务性工作中，而导致缺乏足够的时间和经验开展塑造性工作，这也是导致辅导员工作成效不理想的主要原因。

造成辅导员事务性工作和塑造性工作的存在冲突的原因主要是由于对塑造性工作的认识不够所造成。列宁曾说，"人的意识不仅反映客观世界，而且创造客观世界。"这充分地说明了人的意识对实践的重要性。塑造性工作主要是对大学生和辅导员的意识理念进行引导，思想政治教育能够帮助大学生在多元社会思潮中树立正确的发展方向，引导其树立坚定不移地建设新时代中国特色社会主义道路的理想信念。心理健康教育、就业创业教育等则能帮助大学生在实践中更好地融入社会，使身心发展得以健全，从而尽快调整和适应学习生活和社会发展的需求，为大学生成长成才和社会稳定发展贡献力量。对辅导员的塑造则能提升辅导员的职业素养、职业能力，优化工作手段，拓展工作视野，强化工作目标，激发职业信念，增加职业认同感，从而最大程度地发挥辅导员的主观能动性来提升工作成效。尽管塑造性工作十分重要，却因其表现形式的非现象性而使其较难在以往的工作成效评估中得到体现，因此，当前大多数高校仍然以事务性工作完成程度为主要的评估指标，从而忽视塑造性工作的重要性。为了完成既定的考核任务，辅导员只能优先以事务性工作为首要任务，而导致塑造性工作完成不理想。

（二）高校辅导员工作内容复杂性与工作手段单一性之间存在冲突

高校辅导员工作的定义有广义和狭义之分。从狭义来说，辅导员工作就是指辅导员针对大学生成长成才所开展的，在高校内部开展的以价值引领、人才培养、科学研究、社会服务、文化传承创新等为主要内容的工作。从广义来说，高校辅导员工作是以大学生成长成才、辅导员自身发展和社会发展为最终目的的一项重要工作。

1. 高校辅导员工作内容复杂性与工作手段单一性的内涵

辅导员工作不能够孤立地存在于单纯的思想政治课程之中，它必须与社会经济转型发展相适应，与现代社会工作的精细化相衔接，与大学类型的多样化相匹配。辅导员工作既简单又复杂，简单是因为它遵循了一般工作的规律，具有一般工作的共性；复杂是因为"人"是其重要研究对象之一，作为高校辅导员工作的主要对象，大学生群体的不确定性和多样化决定了工作的复杂性。

根据马斯洛需要层次理论，大学生是一个复杂的群体，有社会需求、发展需求、交往需求等各方面的社会属性。由于大学生群体的年龄、年级、专业、学历层次等各不相同，大学生相应的需求也随之呈多样化发展。

首先，大学生的社会需求呼吁辅导员提高理想信念教育和价值观培育的水平。大学生的社会需求是大学生为了融入社会、适应社会，从而对政治、经济、文化、社会等各方面产生的主观期望，是价值追求的直观反映。随着对外开放不断扩大，社会主义市场经济的深入发展，我国社会经济成分、组织形式、就业方式、利益关系和分配方式日益多样化。受民主社会主义、新自由主义、历史虚无主义、个人主义等社会思潮传播的影响，一些大学生不同程度地存在政治信仰迷茫、理想信念模糊、价值取向扭曲、诚信意识淡漠、社会责任感缺乏等问题，这正是价值多元化在现实生活中的体现。由于当代大学生社会阅历不丰富，且正处在人生观、世界观、价值观形成的关键时期，高校辅导员如果能够具有较强的理想信念教育和价值观培育水平，就能够引导大学生在思想文化领域的多元化中坚持社会主义核心价值观，培养大学生对简单的理想信念坚定、正确的政治信仰和理性的爱国主义精神。

其次，大学生的发展需求呼吁辅导员加强对信息技术和理论知识的学习和运用。随着全面信息化时代的到来，当前大学生的学习模式较之以往传统的"教师讲，学生记"的教学模式有了很大的不同。多媒体课件、在线互动学习平台、"两微一端"等教学手段使教学内容集图像、声音、文字、动画于一体，从而在大学生群体中的普及。考核方式的信息化，更是凸显了对学生知识识记和运用能力考核的优势。然而，信息化技术既能为大学生学习提供丰富的资源和手段，同时也因其本身的趣味性和多样性而容易造成大学生关注焦点的混淆，甚至有可能诱导其沉迷于网络游戏、虚拟交友等。学风建设是辅导员工作中的重要环节，熟练掌握各种新型教学手段提升大学生的学习积极性和学习能力、端正大学生的学习态度是辅导员学风建设工作的重点，因此，辅导员加强对信息技术和理论知识的学习和运用，能满足大学生日益增长的发展需求。

最后，大学生的交往需求呼吁辅导员优化心理健康教育手段。大学生大多处于生理发育已趋于成熟但心理发育仍未完善的阶段，具有强烈的人际交往意愿。

2. 形成冲突的原因

在党和国家的高度重视和正确领导之下，当前我国高校和辅导员队伍已经对高校辅导员工作的重要性和复杂性有了一定的认识。然而，当前高校辅导员在工作过程中仍然采用单一的工作形式，教育手段、教育内容和教育手段对大学生的吸引力不够。高校辅导员如果不积极采用与时俱进的创新性成果和创新性手段来指导实践，就无法适应高校辅导员工作的复杂性，那么高校辅导员工作成效将会大打折扣。造成这种现象的主要原因有以下两个方面：一方面是由于辅导员教育理念未更新，对大学生成长成才的教育工作认识不足。辅导员工作的过程中，高校辅导员通过有计划、有目的、有步骤地选取适当教育方法对大学生进行思想政治教育、心理健康教育、就业创业教育等多种方面的引导和培养，对大学生的培养、育人全过程起主导作用。陈旧的思维观念必然不利于辅导员对于教育对象思想品德水平的判断、对于教育规律的把握、对于教育内容的选择、对于教育环境的创设，从而影响辅导员创新教育方法和手段，导致教育效果低下。在传统的思想教育中，辅导员拥有知识、地位、权力的权威，在整个教育过程中处于绝对主导地位，大学生只能被动服从，处于被领导地位。当前不少辅导员束缚于传统教育理念的影响，因此在实际的教育过程中忽视大学生的主体性和时代性，对不同年龄、年级、专业、学历层次和家庭环境的大学生采用统一化教育管理，一味沿用传统的教育内容和教育手段，缺乏主动适应新形势和新问题的意识。

经济快速发展和信息高速变化给大学生思想观念和行为方式带来巨大改变，对高校思想政治教育活动是艰巨挑战。如果高校辅导员教育理念陈旧，对大学生的成长成才认识不足，就不会尊重受教育者主体作用，从而无法实现"围绕学生、关照学生、服务学生"，更无法保障大学生思想政治教育活动的科学性和实效性。

另一方面是由于辅导员队伍还未形成合力，缺乏辅导员互助机制。由于辅导员岗位的性质和特点，辅导员大部分时间和精力忙于处理大量的事务性工作，参与培训的机会较少，对工作的反思和主动性开展教育手段、内容的创新就更少，因此辅导员个体往往在处理庞杂的学生工作时捉襟见肘。如果能充分发挥高校辅导员团队的优势，取长补短，就能高效地提高团队成员的工作水平和业务能力。

但是，目前我国的高校辅导员队伍之中严重缺乏专业性强的辅导员工作组织，而且在已经建立起的专业辅导员工作组织之中，真正能够建立起有效互助机制的团队更是少之又少。目前，我国高校辅导员队伍之间的交流和沟通依赖于组织的各种会议，但是这种会议上的交流是比较浅显和表面的，没有形成深层次的互助机制。在当前，高校辅导员如果遇到工作上的问题会第一个想到去求助身边的领导或是有经验的前辈，很少会去想专业的辅导员团队进行求助，这主要是因为我国高校辅导员在目前还没有形成良好的团队互助意识，对于团队没有依赖感和归属感，辅导员之间大多都是相互竞争的关系，而缺乏相互合作的精神。

第二节　高校辅导员工作模式创新的必然性

思想政治教育创新的实质其实就是发展。所谓的思想政治教育工作创新，即指思想政治教育工作的理念、内容、方法、载体等为了与人或者社会的发展需要相适应，并使人与社会的发展得以推动而做出的转变与改革。所以在环境、时代、模式以及服务对象不断变化的同时，思想政治教育工作创新应该对其理念、内容、方法以及载体等进行适当的改变与创新，从而使思想政治教育工作在新时期的目标能够实现。

一、高校辅导员开展思想政治教育工作的理念创新

马克思曾说过："社会意识取决于社会存在，同时对其进行能动反映。理念这种东西其实就是潜入人的意识中经过改造之后的东西。"所以，要想辅导员的工作能够不断创新，就要让辅导员保持其观念的不断创新。科学、开放以及先进的理念对辅导员而言，是可以给其工作实践或者思维创新带来积极影响的，因此，本文继承和发展了原有理念的基础上，提出了辅导员工作的理念创新。

（一）树立以学生为本理念

"以学生为本"的教育理念指的就是将学生作为教学的核心，始终坚持使用马克思主义关于人的本质、人的价值、人的需要以及人的全面发展的理论，将实际情况与历史事件结合映照，对当前的思想政治教育进行不断完善、优化、改革和创新，将引导和满足学生的发展需求和精神需求作为思想政治教育的基础；将引导人们发挥主观能动性、激发人们的主体意识作为思想政治教育的着力点；把尊重人、关心人、理解人作为思想政治

教育的基本原则；把提高人的素质，实现人的价值、推动社会全面进步作为思想政治工作的目标。

目前有绝大部分高校辅导员选择为不同学生制定培养计划，由于每个学生都是不同的个体，他们都具备自身的特点，因此高校辅导员采用因材施教的方式才能够实现"以学生为本"的教育方式。每个学生都拥有自己的专长、特点、人格魅力，辅导员在制定计划的时候一定要考虑到学生的闪光点，要能够让学生的个性、主观能动性可以得到发挥。这就要求辅导员深入地与学生的交流，做大学生的良师益友，及时了解他们的思想动态，把大学生当作教育的中心，在教育过程中尽可能考虑大学生的个性化需要，把大学生的根本利益作为一切工作的出发点和落脚点，不断满足他们多层次的需要，同时还要了解他们的才能与专长，对他们进行个别的指导与教育。思想政治教育工作通过对大学生个性的挖掘，激发其创新意识与能力，所以在展开思想政治教育工作时，要坚持"以学生为本"的理念，对大学生的选择与个性给予足够的尊重，根据其特征与具体情况进行教育，从而使思想政治教育和大学生的个性、自我修养、人文精神、健康人格以及全面发展相统一。

（二）树立全方位育人理念

当前辅导员面临所带学生数量多、思想政治教育工作内容繁杂和学生成长需求多的现状，仅凭辅导员一己之力，无法实现思想政治教育工作的实效性。辅导员面临这样的现实工作状况，必须学会借力助力，树立全方位育人的理念，才能在工作中事半功倍，游刃有余。

（1）要经常深入课堂，联系专业课教师，在专业课堂上实现将思想政治教育内容放于专业教学中来，发挥专业课教师在课堂上的思想政治教育作用。

（2）要发挥资深的领导干部、退休老专家教授和各地优秀校友的作用，并且也要发挥各项思想政治教育全方位育人理念的作用。辅导员的工作内容中如思想教育、日常管理、学风建设、党团工作、校园文化、实践创新和就业创业等工作，每一项都在承载育人的一种功能，辅导员应该以精细化管理为指导，以提高人才培养质量为核心，以服务大学生健康成长成才为目标，以提高大学生就业竞争力为落脚点，大力开展思想引导、美德引导、学风引导、关爱引导、实践引导等工作，在提升育人内涵中彰显全方位育人的特色。

（三）树立网络信息化理念

国务院在 2015 年发布了《国务院关于积极推进"互联网+"行动的指导意见》，主要围绕"互联网+"讲述如何把互联网的创新成果与经济社会各领域深度融合。微博、微信的出现对辅导员的工作提出了新要求，大学生几乎每天都会花一部分时间用来上网，这就意味着辅导员首先自身要树立网络信息化理念，切合当前社会网络发展的趋势。要有较强的信息敏感度和信息意识，意识到信息化、网络化对当前思想政治教育工作的重要性，这样才能更好地贴近大学生对网络的需求。辅导员仅树立网络信息化的理念是不够的，还要有对网络信息的辨别能力。

（四）树立法治理念

以中国特色社会主义法治制度与理论为宗旨，使严格的法治监督、健全的法律理论、有力的法治保障、健全的党内法规以及高效的法治实施等各种体系得以建成，使依法行政、执政以及治国得以促进，实现法治社会，国家与政府一体化建设，并使公正司法、科学立法、全民守法和严格执法得以实现，从而推动国家治理能力与体系的现代化。

坚持依法治校，在日常的思想政治教育与管理过程中，辅导员首先要树立法治理念，做到有法可依、违法必究与依法办事，让大学生不仅意识到法律法规其操作性与约束力的优越性，更要树立知法懂法的法律意识。

二、高校辅导员开展思想政治教育工作的内容创新

思想政治教育的发展是动态的发展。随着新的时代背景的发展变化，为适应大学生成长中新的需求，思想政治教育工作的内容必然不断发生变化，需要进行不断地创新。

（一）开展职业生涯规划教育

2017 年 2 月，中共中央、国务院印发的《关于加强和改进新形势下高

校思想政治工作的意见》中指出："要加强学生学业就业指导，帮助大学生顺利完成学业。"大学生面对不断加大的就业压力，开始对未来的职业生涯发展感到迷茫，特别是应届毕业生，面对此压力有极为明显的困惑感。目前，对大学生的职业生涯规划指导已经成为高校辅导员思想政治教育工作的主要内容。

大学生的职业生涯规划教育实际上是一个基于个人与职业相匹配的过程，需要各种自我实践与体验进行辅助，其中社会实践活动则是大学生职业能力培养以及理论和实际相结合的主要渠道。所以，辅导员需要有计划、有意识的对大学生进行引导，让其参与更多的社会兼职、单位参观、顶岗实习、社区服务以及调研等实践活动，对职业生涯规划的实践内容进行不断丰富，使"规划—实践—规划"的良性循环得以形成，让大学生在和社会接触时，能够加深对自我与岗位的认知，能够意识到自身所具备的素质与岗位要求之间存在的差距，从而使其能够对自己的职业生活规划进行不断地改进、调整以及完善，进而使大学生的自我成长能够实现，对职业生涯进行规划教育的最终目标在于推动大学生的全面发展。所以在教育过程中，辅导员应该考虑到大学生才是真正的主体，考虑到不同阶段的大学生其职业发展的不同需求，以此来展开各种类型的校园文化主题活动，利用形式多样、丰富多彩的第二课堂活动，实现对大学生的全方面教育，比如，简历设计大赛、大学生职业生涯规划大赛、模拟求职大赛以及素质拓展训练等，这些活动既会对大学生的成长和发展有着重要影响，同时也会使大学生的综合能力得到提高，进而使学生自身所具备的技能与知识能够满足具体的职位要求。

（二）开展网络素养教育

大学生的网络素养教育是指大学生在了解网络知识的基础上，科学使用网络信息提升个人的综合素养，主要内容包括辨别网络信息的素养、自我管理网络行为素养、网络道德素养等。之所以进行网络素养教育，最重要的是在于提升大学生网络道德、法律意识以及社会责任感，使得大学生可养成正确利用网络的习惯。自步入"互联网+"时代后，大学生素养教育当中加入了网络素养。所以，应当全面提升大学生网络素养教育，将其作为思想政治教育的一部分，使得大学生可自行建立科学化的网络素养。

对于大学生的成长来说，这是必不可少的一部分，也是我国思想政治教育创新发展的内在动力。网络素养教育主要包括：

（1）坚持遵循社会主义核心价值观。大学生个人思想道德素质会直接决定其网络素养程度。大学生在网络世界的思想道德素养如何，从其网络行为就可判断。由于网络边界极为复杂，但网络信息的即时性、海量性等优点使得大学生不得不应用网络信息。面对真真假假、正能量与负能量共存的网络信息，辨别能力弱的大学生必然会在网络世界当中迷失。社会主义核心价值观作为引导大学生正确选择与应用网络信息的重要思想，可使得大学生提升辨别能力，遵守网络道德规范，规范个人网络行为，以此提升网络综合素养。

（2）通过网络道德、法制教育来规范大学生的网络行为。将网络相关道德知识与法律规范知识传递给大学生，引导其树立正确的网络行为意识，自觉遵守网络行为相关规定。由于网络世界的复杂性，个人容易忽略行为规范要求，甚至经常性做出违反行为规范的操作。之所以存在某些大学生缺乏网络素养，关键原因在于缺乏网络规范，所以，要将网络道德、法制教育作为教育重心，使得大学生可全面了解网络道德。可通过引导大学生了解相关网络法律规章，自觉遵守规章制度的要求，让大学生明白在行使网络行为过程中只有在道德、法律的框架下才对社会有益，以此提升大学生的自律性。

（3）网络责任感教育开展，应将社会责任感教育作为基础内容。之所以开展网络社会责任感教育，主要目的是引导大学生积极承担社会责任，在保障社会公共利益的前提下行使个人行为。网络责任感教育的开展，可有效引导大学生树立正确的网络意识，并使得大学生可积极承担社会责任，让其意识到不规范的个人网络行为可能影响到他人以及社会的利益，制作与传播负面网络信息将伤害到他人以及全社会。社会责任感教育的开展，可使得大学生对网络责任感的理解更为深入，使其可自行规范个人在网络世界中的行为，以此不断提升个人网络素养。

（4）通过合理制作、传播、利用网络信息教育入手，开展科学运用网络信息相关教育。网络信息的合理制作、传播、利用都应当从思想政治教育层面入手，引导大学生正确认识网络行为，全面挖掘网络信息的积极意义，引导大学生在使用网络信息过程中主动拒绝虚假、诈骗信息，自觉遵循网络世界的秩序，积极传递正面信息，保持网络空间的长久清新。

所以，在网络素养不断提升的同时，还需通过高校思想政治教育相关网站构建的加强，以及网络道德的不断规范，使校园网络具有全新的文化氛围。另外，还可以通过对大学生与辅导员的网络培训和学习，来进一步扩展思想政治教育工作的内容。

（三）开展社会主义核心价值观教育

从国家层面，大学生要热爱自己的祖国，这是每名大学生都应该具备的情怀，把祖国的发展同个人联系起来。辅导员应引导大学生树立自强的意识，成为对国家有用的人，为祖国的发展尽一份力。多组织观看爱国相关的纪录片或电影，使大学生了解国家的历史和发展情况，对自己的祖国有更全面的认识。合理利用学生宿舍空间建设，宣传和弘扬民族精神；从社会层面，辅导员应引导学生关心和关爱社会，使大学生树立集体主义意识。当个人利益和集体利益发生冲突时，要牺牲个人利益，有勇于为社会做贡献的精神，积极为社会做力所能及的事，进一步树立社会责任意识，并在集体之中获得自我成就感和归属感；从学生个人层面，首先要加强大学生诚信价值观建设，目前社会上的诸多贪污腐败对象也曾经是从大学生时代过来的，这些人都就有缺失诚信、欺诈骄奢等特征。

（四）开展创新创业教育

"大众创业，万众创新"最早是由李克强总理在 2014 年 9 月的夏季达沃斯论坛上提出的。大学生具有较扎实的文化知识，比较有想法，能去做自己想去做的事情，吃得了苦的特征是创业具备的最大优势。但一些实际条件的限制也是不容忽视的，让很多学生放弃自己创业的想法。

辅导员要塑造良好的大学生积极创新、敢于创业的氛围，在潜移默化中引导大学生形成创新与创业意识。

（1）辅导员应当引导大学生参与到学校社团组织的活动中，组建创业小组。可定期邀请创业成功的投资家、企业家或者往届创业成功的典型校友到学校开展与创业相关的讲座，可面对面指导大学生，传授个人的创业经验，为大学生授业解惑。

（2）辅导员要多加了解大学生的思想意识，从中挖掘具有创业意愿以及创新意识的大学生。针对具有这方面思想以及潜力的大学生,辅导员应当加大培养力度,多加支持与鼓励,引导他们主动关注创新创业有关的内容,自主进行创新创业。同时还可推荐能力强的学生加入到专业教师的课题研究中,使其视野得以拓展,才可切实得到锻炼,为今后的创新创业奠定扎实的经验基础。

(3)辅导员要引导大学生参加创新创业相关活动,如校级、省级大学生创新创业训练计划项目、"挑战杯"、课外学术科技作品竞赛、各级各类的创新比赛与学科竞赛。参与比赛时,辅导员需要与专业课老师进行沟通,让其对参赛同学予以专业指导,这样既可以有效地对大学生的创意与选题进行把关,又可以为他们解答各种比赛有可能涉及的疑问。对于积极参与创新竞赛活动和创新创业实践项目并获奖的学生,辅导员要给予他们表彰鼓励并大力宣传,使他们成为大学生开展创新创业活动的榜样和示范力量,从而带动更多的学生加入到创新创业活动中来。

高校辅导员要使用各种形式使学生的创新能力得到训练、创新意识得到培育、创新品质得到塑造以及创新知识得到学习,从而使他们与时代发展需求与创新型国家建设的需要相符合。基于此,辅导员应该对思想政治工作进行不断创新,充分利用有效的思想政治教育,来对大学生的创新特征进行培育,进而推动能够开发大学生创新能力刺激机制的构建,能够发挥大学生创新能力氛围的营造,建立大学生创新能力得以实践的平台。

(五)开展生态文明教育

生态文明建设与经济、政治、文化等多方面建设相关,对辅导员的工作内容同样也提出了新要求,辅导员开展思想政治教育工作内容要紧跟时代的脚步,时刻向党中央靠拢。在辅导员思想政治教育工作当中融入生态文明建设,引导大学生树立正确的人与自然共同发展的理念,切实发自内心尊重自然、爱护自然,以此达到生态文明建设教育的目的。

(1)引导大学生树立正确的生态保护意识,增强大学生的社会责任感。辅导员全面落实生态文明教育,积极宣传环境保护意识,将环保作为大学生行为规范的准则,引导大学生真正的爱护自然、保护自然,切实明白人与自然共存的关键性。

(2)使大学生养成节约资源和保护环境的习惯。辅导员在进行生态文明教育以及环境保护宣传的同时，还要真正地去引导学生养成良好的行为习惯，从身边的一草一木开始保护，不浪费资源，同时还要鼓励学生，在自身做到保护生态环境的情况下要去影响身边的人，使越来越多的人意识到保护生态环境是每个人的责任。

辅导员在思想政治教育中加入生态文明教育，可以使大学生更好地认识人与自然的关系，认清生态文明教育整体性的基本价值取向，避免对个人利益的破坏和掠夺。自然资源的占有导致人与自然的不和谐发展，可以提高大学生的道德境界，培养整体道德思维，提高生态道德意识。

（六）开展法治教育

党的十八届四中全会提出要"深入开展法治宣传教育，把法制教育纳入国民教育体系"，其目的就是要在整个社会引导民众树立法治意识。大学生作为推动社会发展的主要力量，他们是否能够做到遵纪守法，对我国的法治建设具有直接的影响。所以，大学生既需要掌握基本的法律常识，还要形成良好的遵纪守法的习惯。法制教育应该从小事做起，从不违纪、遵守规章制度做起，大学生树立正确的法治观念，不仅能够使自己遵纪守法，还能推动社会朝着更加健康的方向发展。

辅导员作为大学生法治教育的引导者，必须思考思想政治教育工作内容中如何融入法治教育内容。要按照循序渐进的培养思路，制定详细的法治教育方案，从大学生法律规范的认知做起，进而培养大学生法治思维，最终使得大学生树立坚定的法治信仰。从途径上来说，要通过法治教育宣传等活动，引导大学生系统地学习国家的基本法律规范，使得大学生能够对法律规范有较为全面的认知。要通过司法实践活动，例如模拟法庭，组织学生选择法律案件，分别让学生担任原告、被告、律师、法官等角色，使学生能够更加深刻和真实地感受法律案件，从而达到对法律法规熟知的目的。司法实践活动还包括以案说法、庭审观摩等。

引导大学生在实践活动中养成法治思维，引导学生在日常生活学习中不断进行行政执法的探索，通过探索使得学生更深刻地理解依法治国的方略和现实法治基本状况，进而坚定法治信仰，树立法治意识，自觉遵守法律规范，参与到法治中国的建设中来。

三、高校辅导员开展思想政治教育工作的方法创新

目前，我国还处在社会转型时期，经济利益分配、生产生活方式、社会经济成分及社会组成形式的多样化，使思想政治教育理想成果的获得需要通过层次化与多样化的教育方式来实现。高校辅导员思想政治教育工作的不断创新也是满足大学生的成长需求以及学习渴望的关键因素。创新的方式应当结合大学生的实际情况，有针对性地进行创新，寻找有效的方式，处理好个性与共性间的问题。

（一）运用同伴辅导的方法

班级同伴辅导员是指从高年级选拔优秀学生担任新生助理班主任（以下简称助理班）。他们把时间集中在简单的训练上，每班可设置两个助理班，一男一女，助理班以"兄弟姐妹"的身份帮助新生更好地适应大学生活，选派合适的人员担任班委，指导新生班级工作的开展，营造良好的班风和学风，推动创建优秀班集体，帮助新生养成良好的生活习惯。同时，为他们制定详细的学习计划和目标，及时掌握新生的心理和思想状况，在日常学习和生活中开展新生思想政治教育。特殊同伴辅导员是指选拔本年级优秀学生担任项目组组长，每组人员根据各年级学生人数确定。特殊同伴辅导员大致可分为以下类型：

（1）学业督导：主要负责与学业有关的工作，如上课、自习的出勤统计，更好地保证学生按时上课，协助辅导员进行奖学金评定工作，使之更加公平、公正、公开。

（2）扶贫励志：负责贫困生的资助工作，如协助辅导员评定国家励志奖学金、省政府奖学金等，同时也负责向贫困生发布一些关于勤工助学的招聘信息。

（3）信息维护：负责学生自然信息的更新，使辅导员更好地掌握年级情况，通过这些信息可以更全面地了解学生。

（4）日常管理：负责日常信息的发布与材料的收集，如考试的时间地点、科研竞赛的报名、选课通知等。

（5）学业帮扶：负责学业困难学生的学习情况，主要针对期末有挂科

危险的同学或者自主学习能力较差的同学，帮他们制定学习计划并进行"一帮一"指导。

（6）心理咨询：负责心理危机学生的信息收集，及时发现问题与辅导员沟通，和心理危机同学密切交往并建立深厚友谊，采取团队辅导以及个体咨询相结合的方式进行工作的开展。

（7）寝室建设：主要负责寝室卫生，每天对寝室进行检查，督促寝室卫生较差的同学，使他们有一个干净整洁的生活环境。

（8）党团建设：协助辅导员负责学生的入党入团的工作，积极引导学生的思想向党组织靠拢。

（9）安全稳定：负责提醒同学假期及节假日安全问题，包括节假日学生流向情况的统计。

（10）文体活动：负责文体活动的通知以及相关体育项目的训练，其中包括组织学生夜跑、参加讲座等，使学生强身健体的同时也丰富了他们的课余生活。

特殊同伴辅导员是学生中的优秀骨干，他们具备较强的工作能力、较高的综合素质，是能够胜任同伴辅导员工作的，然而他们并不了解同伴辅导员的实际工作方式、特点、性质，所以应当加大挑选出的同伴辅导员培训力度。就班级同伴辅导员而言，培训应包括普通高等学校学生管理的相关规定、马克思主义的基础理论、同伴辅导员工作方法、马克思主义中国化的最新理论成果、心理健康相关知识、高等学校学生行为准则以及危机处理方法等。培训的主要目的在于提升同伴辅导员的学习积极性与主观能动性，使其可更加了解同伴辅导员工作的重要性以及必要性，明确自身肩负的责任和使命，进而实现自身综合能力的提升，为广大新生更好地服务。

（二）运用项目育人的方法

项目育人能够引导大学生紧紧把握国家发展前沿知识，能够引导大学生发挥同辈研讨的作用，实现思想创新碰撞的火花。当前高校中辅导员参与指导的大学生创新创业计划项目、"挑战杯"创业计划大赛和课外学术科技作品大赛以及各个专业的学科竞赛，其本质上就已经在实施项目育人的方法，也已经取得很好的成绩。

如何深入发挥项目育人的方法，更好的引领大学生进行创新，需要辅导员进行深入思考。使用项目育人的方法，要善于发现国家的需求，指导学生团体设定研究方向。要积极引导大学生重点关注国家现实重大问题，服务国家政治、经济和社会发展，多角度、多层面发现研究解决实际问题的有效途径，努力形成系统成果，为相关政府部门科学决策、制定政策，提供有参考价值的意见和建议。提升服务经济社会发展的能力和水平，要发挥大学生专业优势，引导大学生努力钻研专业学科知识的广度，实现厚积薄发。要加强团队协作能力的培育，改变传统"单兵作战"的模式，努力发挥团队每个大学生的特长和优势。

（三）运用课程化的方法

所谓课程化的方法是指辅导员在开展思想政治教育工作中融入教学的理念，将工作内容采用课程的形式予以规划，将工作行为采用教学的标准加以规范，用科学的方式评价工作效果，课程化的方法所形成的效果较好，使得辅导员的工作能力大幅提升，也使得辅导员队伍渐渐趋于专业化、职业化，为国内思想政治教高工作的创新提供了有效启示。运用课程化的方法开展思想政治教育，在近些年的思想政治教育实践工作中启示也不乏先例。

纵观当前辅导员在开展大学生思想政治教育工作中存在教育内容不系统的现象、教育过程存在"蜻蜓点水"的弊端、教育效果评价缺失等诸多问题，充分总结当前以课程化的方法开展的心理健康教育、就业指导教育、职业生涯规划教育和创新创业教育课程的方法和经验，采用课程化的方法逐渐规范思想政治教育工作的其他内容，对提高大学生思想政治教育工作的针对性、实效性具有重要意义。

（四）运用第二课堂成绩单的方法

目前很多的高校就业推荐之中，会存在对毕业生进行主观评价和千篇一律评价的不良现象。校园招聘的企业对于大学生的特长、专业能力以及解决问题的能力并不能有详细的了解，但是这个问题是能够运用第二课堂成绩单的方法解决的。第二课堂成绩单指的是在 2016 年，共青团中央和教育部为了适应新的经济常态、紧跟时代教育改革趋势、提升大学生思想政治教育工作与打造当代大学生的契合度而制定的一种制度，同时这也是一种新的思想政治教育工作方法。具体的实施方法是利用计算机网络，将大学生在校园内的学科成绩、参与社团活动、参与公益活动、社会实践活动等进行有效的记录和评价，并将其进行学分化。这样在企业进行校园招聘时，高校就可以将这份成绩提交给企业，以便于企业可以更加了解学生。

四、高校辅导员开展思想政治教育工作的载体创新

思想政治教育载体，指的是用于传递与承载高校思想政治教育的内容与工作的物化形式。以思想政治教育的综合形态为依据进行分类主要可分为宣传载体、活动载体、文化载体，以现代形态为依据进行分类主要可分为网络载体与传媒载体。随着现代科技及全球经济一体化进程的不断发展，在很大程度上改变了大学生的行为方式与思想观念。因此，要对各种载体形式进行不断地创新，使其与时代发展相适应，以有效性、整体性、层次性、主导性等原则为依据来实现高校思想政治教育工作载体的创新。

（一）推动网络载体的创新

网络载体的普及与发展拓宽了高校思想政治教育的渠道，网络中共享信息与信息形式的多样化，使其有丰富的网络资源用于思想政治教育。

1. 合理利用 QQ 群，及时了解工作信息

首先，建立班级 QQ 群。辅导员应建立涵盖班主任以及班级全部成员的班级 QQ 群，与学生之间加强沟通、增进了解，融入学生群体当中，使班级成员的关系在网络中也能够得到进一步的维护。通过交流思想、即时聊天等方式使思想政治教育工作得以更好地开展。同时，在出现问题时，辅导员应进行及时的回应与处理，树立自身积极的形象，从而为今后的工作打下坚实的基础。

其次，建立学生干部 QQ 群。学生干部包括班委、领导小组、学生会部、校级组织干部等。学生干部是大学生中的领导者，同时也是同学心声的发言者，在学生中有一定的威信和说服力，是辅导员与学生的沟通的重要纽带。辅导员利用 QQ 群发布工作任务，对于工作中存在的问题可以在群里相互讨论，学生干部把同学的意见和想法传达给辅导员，同时辅导员

也可以及时提醒学生干部在工作中会遇到的困难给出相应的建议。这无论对辅导员还是学生部来说都是很好的交流机会，在增进师生感情的同时也提高了学生干部的工作能力，从而达到双赢的效果。

最后，建立年级 QQ 群，通过 QQ 群辅导员可以对校园活动、学校工作等进行宣传，广泛听取大学生的建议，为开展思想政治教育工作提供依据。同时，辅导员可以通过 QQ 群的资源共享功能将学习资料，课件与需要传达的信息传到群共享，大学生可以有选择性地依照自身需求进行相应的下载，这对于推动大学生的自我提升、自我教育有积极的作用。

2. 运用微信平台，扩大影响范围

首先，相对于微博，微信更加私密，而相对于 QQ，微信又更加灵活。所以对微信的利用，可以帮助辅导员更加准确、灵活地了解大学生的思想状态。朋友圈作为微信的特有功能，不仅能够让用户用来发表文字、音乐、视频或者图片，还能够让用户对其好友的照片或动态进行"点赞"与"评论"。因为微信具有使用资费低、流量消耗少的特点，所以大量大学生的微信是 24 小时在线的，同时还喜欢将心情、感受与想法等在"朋友圈"中发表出来。因此，辅导员可以与大学生建立好友关系，通过朋友圈中的信息对学生的内心世界进行更加深入地了解，从而为思想政治教育工作的开展奠定基础。

其次，辅导员在和学生微信好友关系确立后，可以按照具体情况或者教学需要与学生进行私聊或群聊。进行私聊时，往往比较容易了解到真实想法与感情，更有利于辅导员发现问题以及解决问题，进而对大学生的健康成长具有极大的推动作用。进行群聊时，可以选择一些大学生比较关注或者与其密切相关的问题进行讨论，这样就能够有力地调动学生的热情。不仅有利于师生之间的沟通与交流，还有利于学生健康风貌的形成。

最后，辅导员可以利用微信公共平台的构建，建立大学生与学校间的交流渠道。

3. 创新微博载体加强渠道建设

微博是当前大学生极为常用的一种平台工具，微博能够让大学生自由表达自我、快速接收到信息，并且打破了网络和移动网络之间的界限，让大学生能够在校园生活中时刻与学习有紧密的联系。因此，思想政治教育应该要好好地利用微博这个平台工具。

首先，高校辅导员需要开通自己的工作的微博。构建起一个开放、平等的思想政治教育交互平台，让资源共享转变成为思想政治共享，扩展思想政治教育的载体范围和活动空间。通过微博平等交流的特点，实现辅导员与学生之间的平等交互，让辅导员与学生之间的沟通得到加强。

其次，高校的每个职能部门都可以开通自己部门的工作微博，以学生为主体的各个团体可以开通社团微博，以班级为单位开通班级微博。将实时信息、照片、活动等通过微博及时发布出去，加强与外部的交流。这样不仅能够加强师生之间的关系，还能够传递给学生学校的人文关怀，更好地实现思想政治教育工作。辅导员通过微博对大学生进行思想政治教育，有利于推动与大学生的交流和沟通，以及平等群体环境的形成，这对于思想政治教育实效性到提升所产生的作用是非常巨大的。

4. 理顺校园贴吧引导正确舆论走向

当前，高校的贴吧成为在校大学生的校园生活中的重要一部分。许多学生会将自己的想法发布到贴吧上，辅导员可以通过贴吧了解到学生的真实想法。因此，高校需要利用自身的资源去引导和帮助大学生建立良好的思想观念。首先，高校可以将校园论坛作为载体，构建起一个网络舆情疏导机制，让辅导员能够在网络中规范大学生的讨论言语。另外，对校园贴吧的利用还能够帮助辅导员及时掌握学生出现的问题，以便于可以及时处理。通过与学生的交流和沟通，能够及发现学生之间的矛盾和冲突，在第一时间将其避免。其次，可以将校园贴吧作为载体组建一支网络管理队伍，如主管学生工作的教师、辅导员、吧主等，对部分和国家政策、法律法规或学校规章制度相悖的信息，进行及时清理和回应。

（二）推动活动载体的创新

活动载体的作用主要是提供一个平台实现自我教育，将教育与自我教育进行了有机结合，采用有效的活动发挥出思想政治教育的全部功能。下面分别从实践活动、社团活动和校园文化建设三方面进行论述。

1. 创建丰富的社会实践活动

在高校辅导员思想政治教育工作之中，社会实践活动是无法缺少的一环。大学生通过社会实践活动可以提升自身的社会责任感，因此社会实践活动的意义是极为重要的。所以，高校要构建一套保障社会实践活动能够有效地实践体系，并对社会实践活动育人机制进行深入的研究。高校需要在教育大纲和规划之中加入社会实践活动，并且将社会实践活动进行规范化，将其视为一项重要的学科教育给予资源的支持。高校辅导员更需要积极组织和鼓励大学生参与社会实践活动，在大学生在社会实践活动之中去了解社会的发展现状、政治观点以及道德规范。

2. 支持学生社团的活动开展

学生社团活动在学生综合素质的提升、成才的推动以及社会适应度的增强等方面具有重要的作用。辅导员要通过多种途径丰富学生社团活动与课余生活，通过学习与体验多种形式的集体活动，对大学生进行集体主义教育，对其团结协作精神进行培育。作为知识拓展、技能培训的重要基地，需要对学生社团进行指导与扶持。例如，加强正面指导，大力扶持学习型社团，积极鼓励志愿服务型社团，在开展各种社团活动的基础上提升大学生的文艺体育技能，从而实现增强大学生综合素质的目的。

3. 大力加强校园文化建设

校园文化对于教育有着非常重要的意义，高校通过展开健康、有意义的校园文化活动可以切实提升大学生的综合素质，让大学生能够在良好的校园文化环境之中成长，推动学校精神文明建设的开展。如通过举办音乐会、运动会、艺术节等活动，让大学生陶冶自己的情操，提升自己的交际能力，培养自己的艺术素养等。另外，高校还应该注重少数民族的传统节日，让少数民族的大学生能够感受到如同家乡的温暖，促进民族大团结，同样也使其他民族的学生能感受到不同民族的文化活动，从而提高大学生的综合素质。

4. 推动宣传载体的创新

宣传载体在辅导员思想政治教育中具有明显的优势，一是宣传渠道广，宣传范围广，影响力好；二是能紧密反映时代特征，适应大学生快节奏的生活；三是宣传信息承载能力大，宣传深度好；四是具有良好的感染力，能够形成良好的思想政治教育讨论氛围。这里适当的传输载体具体指的是空间载体的构造。目前，高校辅导员开展思想政治教育主要采用宣传海报、板报、新媒体、校园网、校园广播等形式。虽然这些载体具有方便的优势，但缺乏有效性。

第三节　高校辅导员工作模式创新的基本设计

高校的学生管理工作应该是一个吐故纳新、自我发展、不断更新的有机体。"创新"指始创、首创之意。《周礼·考工记·总目》："知者创物，巧者述之。"这里"创"所指的"创新"，指一切创造、发明、推陈出新的过程。创新是人类社会发展的不竭动力，也是一切事物变化发展的主要因素。辅导员工作的创新，是其永葆生机的动力源泉，辅导员工作也只有不断创新，才能在实践中真正表现出主动性、针对性、实效性，增强时代感、感染力、说服力，不断发展新理论、创造新经验、解决新问题、做出新贡献。在既往的管理模式面临挑战、新的管理模式正在构建之际，辅导员应当在管理过程中以创新的姿态积极面对，以勇于实践的精神大胆实践。我们认为，可以从理念、素质、制度、策略等四个角度提高辅导员的管理效能，这也是高校辅导员工作创新的重要途径。

一、理念更新

理念更新提升高校辅导员管理效能的目标取向。学生工作的理念是指人们对学生工作的理性认识、理想追求及所持的思想观念和哲学观点，是具有稳定性和延续性的学生工作认识、理想和观念体系。在无形的教育过程在生成着无形的教育文本，最大限度地促进学生发展是教育最根本的使命，高校辅导员首先要树立自己正确的工作理念，这似乎已经成为共识。高校辅导员的学生观应该是具体的、非形而上学的，是对大学生培养目标和新教育理念下学生观的理解，更是对本校学生的具体、深入、生动的理解，并扎根于管理学生丰富的切身体验和理解中。

管理服务于教育，但管理注重安全、简单、有序和效率，而教育强调尊重人的差异、创造力和丰富性。辅导员在工作中要坚定对学生工作的信念，关心每一位学生的成长，真正把自己的爱心和责任投入到实际工作中去，感受每一次学生成长的快乐。没有以人为本的人文关怀和人文教育，人类灵魂的工程师就成了无用的路标。有些学生能够从教育中获益，但是有些问题是不能解决的，至今还在苦恼的，这需要时间去解决，在一定程度上是对自己工作的一种考验。同时，每个学生的个性、能力是有差异的，对于不同的学生辅导员应进行不同的教育策略，因人制宜、因事制宜、因材施教，才能收到良好的效果。

（二）树立师生平等理念，成为学生的知心朋友

辅导员只有与学生成为朋友，进行真诚的交流，才能了解学生的内心，才能把握前线动态，正确处理学生事件。朱自清说过，"教育者须对教育有信仰心，如宗教徒对他的上帝一样；教育者须有健全的人格，尤须有深广的爱；教育者须能牺牲自己，任劳任怨。"不少辅导员存在这样的苦恼："学生不理解我，我也不理解学生。"许多大学生认为，如果辅导员能够真诚、平等地关心学生，不仅会使他们的关系和谐，而且会感到非常温暖。学生希望辅导员能经常走访学生宿舍，更深入地了解学生，这有助于消除彼此的陌生感，促进交流。学生还希望，当他们犯错误时，辅导员可以私下与他们交谈，而不是当众批评他们。

（三）树立为学生服务的理念，善于解决学生的实际问题

著名教育学家马卡连柯说过："教育学是最辩证的最灵活的一种科学，也是最复杂最多样化的一种科学。"这里的辩证、灵活、复杂、多样正是基于教育的复杂和多样，而教育的复杂多样则是基于教育对象是活生生的人。教育过程是生成性的，需要教师立足于教育情景的实际变化，根据自己的教育理念做出即时的判断、决策，而不是按照既定的技能模式"按图索骥"。

要用积极的行动和崇高的师德去赢得大多数学生的口碑，使辅导员在学生群体中产生较强的亲和力。假如辅导员不对教育事业心存敬仰，而是将其看作名利的阶梯，忙于钻营和应酬，那么他就体会不到教育这一崇高事业所带来的成就感和幸福感。如果只给学生读读有关文件和应付简单的事务，是远远不够的。师生间有着充分情感交流的教育细节最让学生难忘，学生充分发挥其自主性的教育细节最让他们难忘，辅导员必须具备职业的敏锐性，为学生发挥才能创造条件。

（四）建立师生共同愿景，为开展工作提供参照坐标

在管理学中，共同愿景是组织中人们所共同特有的意向或景象，是全体组织成员关于组织未来发展的目标、任务或使命的共同发自内心的愿望或意感，是组织凝聚力的核心。辅导员应当把建立共同愿景作为实现其管理目标的重要手段和途径，通过建立共同愿景，使学生积极主动地为实现组织目标而努力。

1. 从个人愿景到共同愿景

辅导员要经常学习、聆听学生的个人愿景，并经常让学生分享自己的个人愿景，也经常让学生之间互相分享愿景。通过有效地相互交往与沟通，塑造出班级甚至年级的共同的愿景图像。因此，在学生管理中，为了激发学生学习的可持续性，可以实施愿景管理。在教育方面，要求学生设定目标，指导学生在大目标下制定每学期的成长计划，并监督计划的具体实施，使学生深刻认识到学习是为了实现自己的理想，实现更美好的未来，从而鼓励他们提高学习欲望和效率，保持学习热情。

2. 从共同愿景到活动参与

当个人愿景在组织的价值观、理念的引导下与共同愿景融为一体时，真正的共同愿景便会建立起来。共同愿景让每个学生体验到自己是共同体中的一员并愿意接受社会与班级的规则、规范，使每个个体具有强烈的认同感和自我效能感，并在精神共同体的感召下致力于班级建设的共同愿景，优化班级整体行为，使全班同学融入、凝聚到集体行动中。建立好共同愿景后，辅导员要充分调动学生参与到活动中来，并应当注意听取学生的不同意见与建议，才能更好地赢得学生的支持，扩大学生活动的参与面。当共同愿景反映和代表了所有集体成员的发展轨迹时，他们在大学里所要掌握的专业知识、专业技能、社会交际等能够在共同愿景中得到实现，他们更好地融入其中。

二、素质修炼

素质修炼是高校辅导员管理效能提升的内在驱力。德国教育家第斯多

惠说过:"谁要是自己还没有发展、培养、教育好,他就不能发展、培养和教育别人。"把自己修炼好、发展好、教育好,是每一个辅导员开展学生管理工作的内在驱力。辅导员要在可能影响到学生的方方面面如思想方法、政治观念、学术态度、心理素质、语言表达、兴趣爱好、气质性格等不断修炼,从而高效、高质量地完成大学育人与管理工作。我们主要从以下几个方面来谈谈高校辅导员如何进行自身的素质修炼。

(一) 良好的心理素质是抓好学生工作的心理基础

一位优秀辅导员的不仅体现为能应用专业知识与技能对学生进行有效的教育与辅导,具有团队的领导能力,以及对学校和专业团体的贡献等方面,还必须有良好的身心素质和应急能力,毕竟,学生工作的变幻无常和事无定量经常让工作中的辅导员显得无所适从。

1. 具备自我监控能力

自我监控能力是问题解决的一种特殊形式,辅导员的工作内容繁杂,教育周期长,如果不具备一定的自我监控能力,仅仅局限于处理日常事务,结果是付出了许多辛苦,却得不到多少效果,造成脑力劳动体力化,教育活动失效。因此,在涉及处理学生问题,化解学生摩擦、矛盾等辅导员日常性的工作中,辅导员须具有多谋善断的能力,就是说在处理学生事务、解决工作问题上,要注意多、点子多、办法多,能从多种注意中选择出最合适的注意与办法,并能结合学生工作的特点,当机立断和坚决执行。碰到学生问题时,必须明白自己是一名老师,应该站在学生管理工作者的高度看待问题,不能因为感情用事,犹豫不决,更不能受问题的干扰影响自己的工作情绪,丧失解决问题的良好时机。

2. 具有化解学生心理危机的能力

大学生的心理问题表征比以往更为复杂。善于预防和发现心理问题是化解心理危机的关键。一方面,辅导员要主动同处于心理危机期的学生谈心,预测随时可能发生的和潜在的危机,调动各种可以利用的资源,控制乃至消除危机行为,从而使现存的危机得以解决。另一方面,对问题学生要分清情况,采取不同措施,尽量帮助他们解决实际困难,使管理更具针对性。我们的管理行为和育人意识一直要伴随学生的成长,尤其是对那些有劣迹行为的同学,我们的视线要形影相随,要掌握他们的言行踪迹。为了防止时紧时松、没有持续性，我们还可以用列表的方式做定期的思想工作和调查工作，做一次记一次，譬如根据不同对象建立贫困生档案、心理图、心理危机干预备案、谈心记录等，保障跟踪落实。

（二）加强业务培训是提升高校辅导员管理效能的催化剂

辅导员是否德才兼备直接影响到辅导员的声望和威信，辅导员是否受到学生的爱戴和尊敬直接影响到辅导员工作的有效性。美国学生事务专家米勒和卡彭特所指出，最佳的专业发展是所有致力于专业成长的人和环境相互作用的直接结果；最佳的专业训练是把大量的知识、技能和能力应用到个人发展。作为一名辅导员，只具备良好的理念还不能成为一个合格的辅导员，而要把自己的理念和专业素养转化为实际效果，还需要在实践中加以检验，因为实践是衡量辅导员能力和水平的最终标准。

1. 积极参加培训研讨活动

辅导员积极利用各种培训机会，认真参与其中，一方面可以促进不同院校之间的工作交流，另一方面也可以提高辅导员从事学生工作的技能，提高学生工作的质量和效果。同时辅导员应学会以研究的态度工作，在不断地研究与工作中确立先进的教育思想和管理理念，掌握学生工作的规律和科学的研究方法，从而提升自己的专业水平。还需要大学定期开展学生教育管理研讨活动，编订有关辅导员工作案例的书籍，成立各种学生管理的核心团队，引导辅导员进行理论和实践相结合的研究，这对改进辅导员的管理效能具有重要的意义。

2. 自觉进行工作反思

苏霍姆林斯基曾有过论断：如果一个人有了思考的需求，如果他在脑力劳动中看到了要达到的目标，那么懒惰和他的思想束缚就必然会消失。作为专门从事学生管理工作的辅导员，他们真正开始工作后才感觉到自己知识结构的单一和管理经验的匮乏。教育问题情境的独特性和生成性意味着辅导员工作不是一种技术实践，而是一种反思性实践。教学反思不是检查技术应用是否正确，而是反思教师教育措施和教育场景的恰当性，反思教师自身的教育理念和教育生活的意义，积极抵制和消除各种外部干扰，获得自由的人格。辅导员要善于从忙碌的工作中总结出规律，抓大放小，否则永远只会应付那些处理不完的琐碎事务。实践经验的反思中总能发现很多的问题和规律，这样才能不断提高工作水平和管理效能。

（三）成为有效的沟通者是做好学生工作的重要要求

有效沟通的能力对辅导员与他人之间的人际关系，对学生进行解释时的清晰简明程度，以及学生的理解能力和学业成就都会产生影响。由于辅导员经常与学生接触，学生在学校生活、学习，许多繁杂的事务需要辅导员帮助处理，辅导员就自然而然成为影响学生成长的重要人物。辅导员经常滔滔不绝地讲述自己的观点，很少注意学生的反应，有的甚至不喜欢听到与自己意见不同的声音。作为辅导员，要以平常心对待学生的"杂音"，以理服人，点到为止，给学生留有思考和表达观点的余地。同时要善于利用三个阵地，即宿舍、社团和网络。进入宿舍，可直接掌握学生的思想、生活和纪律，引导学生正确处理身边的各种疑难问题；进入社团，有利于熟悉学生的兴趣、特长与爱好，从而有针对性地引导学生开展活动；进入网络如微信、QQ、电子邮箱等虚拟空间，建立虚拟团支部和"群"，有利于真实地了解学生的思想动态，也有助于创造良好的师生交流平台。通过进入"三个阵地"，对学生的情况即可有基本全面的了解，从而能正确引导、教育和帮助学生，提高学生工作水平。

三、制度重构

制度重构是高校辅导员实施有效管理的外在保障。制度是为组织目标服务的，因此好的制度体系必然具备随着组织的演进、成员的变化而及时调整的能力。一套好的制度能使员工在工作中有明确的努力方向和一致的价值判断，当他们对制度的遵守成为一种习惯时，就自然形成公司强大的凝聚力和员工积极向上的价值观。管理企业如此，管理学生亦然。辅导员不但要熟练掌握各种相关的文件精神，还应该深入调研，结合所带学生的专业特点和学生的具体实际，用简洁的语言制定出一些有利于学生成长、成才，并被学生广泛接受的简易规章乃至制度，这也是辅导员掌握文件精神的目的和宗旨之一。根据学生工作的规律和特点，把文件精神细化、量化，在实际工作中才能抓实做细，才能确实做到懂政策、重实效，这是保证高校辅导员管理效能顺利实现的重要条件。

（一）建立健全导师制、导生制，为学生成长引路导航

由于学生个体家庭环境和经济状况的差异，学生适应能力差异也很大的。辅导员以晚点集中教育、开班会、政治理论学习、团日活动等为主的面上的教育方式，显然缺乏针对性。因此，建立导师制对于促进学生明确专业目标，合理定位和自我管理具有重要作用。学生的导师主要在专业老师中聘任，每位导师负责学生的指导工作，具体对学生的选课、专业学习进行辅导。随着导师制的建立，学生管理工作可以比较深入地在学生基层，能够全面仔细把握反馈学生的动态、思想和存在问题，充分发挥教师对学生的重要指导作用，加强师生间的互动交流，从而改变了原先辅导员的单线联系、浮光掠影的工作状态，加强了辅导员与课程教师的联系，以促进教学相长，共同保证教学质量和学习效果，这对于深入反馈、客观把握学生状态，并有针对性、主动地开展工作创造了很多条件。

选择导生制是一种真正能兼顾全体学生、以人为本的教育管理组织形式，可以弥补辅导员因客观原因所造成的工作上的不足。导生制是指从高年级、研究生中挑选品学兼优、工作能力强的学生担任班级或年级的导生，导生主要协助辅导员对全体同学进行思想道德、学习、生活和工作等多方位的引导和教育工作。目的是通过建立"以高带低，以老带新"管理机制，有效协助辅导员和任课教师开展学生的教育和管理工作，在师生之间发挥桥梁和纽带作用，同时，也为高年级学生提供全方位工作锻炼平台。高校由于学生人数多，辅导员工作量大，很难顾及每一个学生，又有专业教师距离偏远等客观原因，不可能有更多时间和机会与学生进行沟通、交流和指导。从辅导员、导生的工作特点来看，辅导员工作方式以"面"为主，而导生以"点"为主，使两者相得益彰，共同服务于大学生的教育与管理。

（二）完善日常管理制度，促进学生自我管理

制度上，除了学校、学院及相关部门的规定之外，我们认为可以根据所带学生的情况制定学风、安全、班级事务、纪律、出勤等方面来制定，如请销假制度、学风联系卡、寝室卫生检查和评比制度、班费管理制度、班会制度、班级职责、学生干部改选制度、班干部考评制度、周末晚点教

育制度、学生外出请登记制度、白天外出登记制度、周末长期请假制度、周末外出请假制度、晚查房晚熄灯制度、重大活动出席登记制度等，在让学生明确这些准则的内容和意义的同时规范学生管理，促成学生良好习惯的养成，并将这些制度的考核纳入到学生年终积分评定过程中去，利用过程性的评价促使学生自觉遵守规章制度，形成学年综合考评的重要依据。同时，通过这些制度，使大学生逐步养成遵守纪律的社会意识，强烈的时间意识和组织观念，形成一种互相督促、共同进步的管理机制。制度的制定要科学合理，在履行制度时，还要注意两个方面：

1. 在管理制度上

强调刚性标准，但在操作中注重人性化，把握分寸，大学生违背规章制度，出现问题行为，大多都是无意识的，或者是约束力不强，心智还不成熟，经不起利益诱惑和别人唆使，有的即使有目的、有计划，甚至是明知故犯，但也很少是本质性问题。因此，在处理学生问题行为时，辅导员要注意主观态度与客观事实，有理、有据、有节地实施教育引导，既要让学生充分认识到问题的严重性，又要适当鼓励，给以学生充分的改进机会。给予适当的反思和该过的空间，不仅能让学生认识到错误的根源和本质，还能提升辅导员的人格魅力，进而影响学生的价值判断和个性养成。

2. 制度的有效执行

为了确保制度实施的公平、公正和公开，制度的实施过程不是管理者的单方面行为，而是一个动态的过程，需要管理者和被管理者之间的良性互动。因此，我们应充分发挥被管理者的主动性，通过有效的系统沟通和案例教育，努力使他们深入了解制度规定及其内涵，以追求被管理者对该制度的实际认可，并在使其"知道"的基础上自觉接受和遵守该制度，最终达到制度的"行"。

这是学生管理制度得到确实有效执行的必然过程。同时，在纪律和规章制度的制定上要充分考虑到学生的特点和应有的权利，使学生切实感到自己的主人翁地位，给予学生参与管理学校事务的机会。例如在大学生特别关注的，如奖学金的评定、三好学生、优秀学生干部的评选等方面，辅导员应切实做好组织宣传工作，保证公平、公正、公开，使工作透明化，才能让学生感受到公平的育人环境。

（三）通过家校联系制度，形成大学生教育合力

成功的教育是离不开家庭教育的。大学生思想的主观性与生活的依赖性在一定程度上与家庭教育有很大的关系，而辅导员工作是否有成效，在很大程度上取决于对学生的了解是否全面深入。辅导员在管理过程中必须跟学生家长保持密切的联系和配合，才能有效掌握学生的思想动态，互相反馈学生信息，实施有针对性、多层次的教育方法。

学生家长都有培养孩子的美好愿望，但自己没有时间和精力来管理自己的孩子，以为进了大学，孩子就进了保险箱。其实，令家长没想到的是，孩子在学校的出现问题的根源却往往是家长自己，要想使班级管理取得更大的实效，作为管理者的辅导员，必须通过各种方式加强与家长的沟通与交流，争取家长的这部分外援力量，使他们充分认识到他们在孩子成长过程中的重要作用。首先，辅导员要与家庭双方要订下联系制度，内容一般包括双方的联系方式、固定的联系时间和联系内容等。其次，在执行制度的过程中，学校与家庭一定要互相理解和支持，自觉主动地与对方联系，实现学校与家庭以共同培养学生为目标的互动。例如，在寒、暑假来临时，辅导员可以用书信或电子信箱的方式传达学校的发展情况、学生的在校表现、学业成绩等，并提出需要家长共同教育的内容等。加强大学生的教育和管理，这是学校与家庭共同的责任，每位家长有必要与学校、辅导员合作，共同肩负这样的责任。而父母对子女的秉性脾气摸得比较透，教育更有针对性，故学校与家庭"双向合力"能收到比辅导员或家长"单打独斗"更理想的效果。

第四节　高校辅导员工作模式优化的过程与策略

一、提高思想认识，明确工作重点

创新高校院校辅导员工作首先要从认识上明确高校辅导员的工作职能和地位，才能为辅导员工作提供良好的条件和广阔的空间。

（一）对领导者而言

作为高校的领导者，我们应该充分认识到高校辅导员队伍是教师队伍和干部队伍的有机组成部分。他们不仅是学生日常事务的管理者，也是学生成长的教育者和服务提供者。只有充分发挥管理、教育、服务职能，才更有利于学生的健康成长和高校的稳定发展，要从理性和战略的高度充分肯定辅导员的政治地位是维护学校安全稳定的重要力量，是加强大学生思想教育的主力军，是引导学生健康成长的生命导师，它是高校一支必不可少的重要队伍。高校辅导员不能被置于"讲重要、做次要、忙不要"的地位。此外，高校领导还应加强舆论引导，关注和关心辅导员的成长，为高校辅导员充分发挥工作职能创造良好的环境。

（二）对高校辅导员而言

作为高校辅导员，要更加认识自身的职能，不能因为工作繁忙而削弱自身的教育和服务职能。要认清各项职能之间的关系，统筹协调，合理安排，有效发挥各项职能的作用。首先，教育职能应是高校辅导员的核心职能。它不仅是解决大学生各种问题的根本点，也是其他职能的立足点。通过对大学生的理想信念、爱国主义、职业道德和人文素质教育，可以触动学生的灵魂，唤醒学生的思想，激发学生的精神，在学生头脑中形成正确的意识。意识的能动作用将引导大学生的行为，逐步解决大学生的诸多问题。其次，管理功能和服务功能的最终目标是实现对学生的教育。在现代意义上，学生管理不再是以管理为目的的管理，而是提倡"管理教育"，即教育理念体现在管理中。高校辅导员通过行使管理职能，使学生形成强烈的法纪意识、规则意识和安全意识。从根本上说，管理职能是实现教育职能的手段。同样，服务功能也不是为学生做一切事情，而是在服务过程中渗透到学生的教育中。无论是心理咨询、扶贫还是就业指导，都是帮助学生树立独立自强的意识，使学生有选择和承受的勇气，有选择和承受的能力，服务功能是教育功能的载体。

二、因事制宜、因材施教，创新工作方法

高校辅导员工作职能的具有特殊内涵，这是受到了高校教育的特殊性所影响的。因此，高校辅导员需要根据特殊情况采用不同的工作方法，不能万事依靠经验，或者一味采用之前辅导员的工作方法，需要做到具体问题、具体分析，针对不同学生做到因材施教、因事制宜。

（一）以刚性管理和柔性管理相结合，做好学生日常管理工作

"刚性管理"指的是将工作作为核心，要求受管理人员严格遵守规章制度。采用相关的规章制度约束和规范人们的行为，采用监督和奖惩的方式对人们进行管理。该管理的特点就是不讲情面、万事按照规章制度进行。"柔性管理"指的是"以人为中心"，采用价值观相同和文化氛围对受管理者进行管理。该管理的特点是不使用强制性的管理方式然人们心中能够产生一种自我的说服力，让人们能够自觉规范自己的行为。"刚性管理"和"柔性管理"两者既是矛盾的，又是相通的。在高校学生日常事务管理的过程中，辅导员需要做到刚柔并济，结合应用。

第一，要分根据情况实施刚性管理和柔性管理，刚性管理适用于学生的行为规范，而柔性管理适用于学生的思想规范。刚性管理的中心是规章制度，采用制度去管理学生在学习中和校园生活中的种种行为，尤其是学校这种庞大、复杂的组织，更需要科学、合理、有效制度去确保校园的运转。

第二，刚性制度和柔性制度要在特殊的情况下结合使用，要做到刚柔并济，在不破坏刚性制度的同时，对具体的问题进行针对性分析，采用柔中带刚的方法进行管理，在处理学生问题的时候，要在坚守原则的情况下，对学生进行人文关怀。

（二）以"放手"不放任为原则，发挥学生干部的作用

当前高校辅导员的工作内容和工作范围十分繁杂和广泛，高校辅导员无法做到事事亲力亲为，要在管理中学会"放权"给学生，选用能力强的

学生作为班干部协助辅导员进行学生的管理。但是"放权"也需要掌握好"度",也就是在管理学生的过程中,不能过于"放权"给学生,但是也不能任何事情都过问,要在一定界限中给予班干部处理问题的权利。适度"放权"旳关键在于既要敢用干部,又要会用干部。

(三)以问题管理和危机管理相结合,切实做好安全稳定工作

面对当前多元化的思潮冲击,高校既是为我国培养人才的重要基地,也是受到各种思潮影响的场所之一,更是影响社会稳定的关键部分。高校能否稳定、安全、积极,对于学生和教师的学习、生活、工作都有着密切的关系,所以高校的安全稳定也是判定社会稳定的重要依据。在高校的众多工作中,安全稳定工作始终放在第一位,安全稳定工作是高校的"生命线"。然而,高校作为众多学生的聚集地,又非常复杂和特殊,高校的安全稳定工作难度很大。做好安全稳定工作的关键是消除安全隐患,时刻有防范意识,时刻做好防范工作。因此,高校辅导员应能掌握"问题管理"和"危机管理"两种工作方法,这也是马克思主义哲学"质的互变"规律在现实生活中的运用。

(四)坚持教育贴近生活,增强教育的生动性和感染力

陶行知是我国伟大的教育家,他所倡导的"生活教育"理念实际上就是"生活即教育、社会即学校。教学做合一"。教育贴近生活不仅是一种教育理念,还是一种教育原则,更是一种教育方法。教育贴近生活,所以强调的是将抽象的教育理论和实际的社会生活相互结合,对教育使用生活化的方式、语言和内容,提升教育的感染力和生动性。当代大学生成长的多元文化并存的社会,一味使用空洞、抽象的教育理论只会让他们产生反感,因此采用贴近生活的教育方式能够,增强教育的感染力,让学生能够深入浅出的了解教育的内涵,使学生可以更加容易接受高校的教育。

第一,要始终坚持教育的内容来源于生活。在进行教育的过程中,不仅要做到教育理论内容弘扬主旋律,更要选择与生活息息相关的教学素材作为教育内容,在教育的过程中不能仅仅对学生讲大道理,更要将做人的道理融入教学之中,在潜移默化之中影响学生的思想,达到理想的教育效果。高校辅导员更需要对实际生活中的教学素材进行发掘和利用。无论是

学生在校园生活出现的学习问题、行为规范问题、情感问题还是就业问题都能够成为辅导员的教育内容。

第二，要始终坚持将教育方法融入生活之中。苏霍姆林斯基曾说："教育是人与人心灵中最微妙的相互接触。"他认为教育是思想、心灵、情感、理性之间的沟通和融合，那种只是对学生讲大道理的教学方式只能够使得学生产生逆反心理。所以，高校辅导员需要对学生的心理状态有清晰的掌握，应用所有可以应用的资源，塑造理想的生活化教育环境和人文化教育环境，在教育中使用生活化的教学内容和教学素材，让学生在潜移默化中接受教育。

（五）注重实践育人，满足高校人才培养的内在需要

马克思主义哲学的首要观点和基本观点就是"实践"，这也是马克思主义的根本特征。马克思主义认识论阐述了实践对于人类在认识世界、改造世界的过程中起到的重要作用。实践育人的运行规律和理论基础是"马克思主义实践观"。将学生在教学之中能够学到的理论知识和间接获得的专业经验作为基础，展开与学生专业发展相关的一系列实践活动，并以此为途径引导学生树立中国特色社会主义理念和爱国主义精神，最终使得大学生能够投身于中华民族伟大复兴的宏伟目标之中。

实践育人的教育方法是高校培养高素质人才的有效方法，是提升大学生专业知识和专业能力不可或缺的重要部分。高校辅导员在进行实践教学的过程中，要时刻注意教学形式不可呆板，要能够将实践育人的教育形式开展得生动活泼、多姿多彩，在良好的教学氛围中培养学生的行为和观念。例如，可以开展唱歌比赛、诗朗诵活动等活动让学生对于特殊的历史时期有更加深刻的印象；开展体育游戏、艺术节、知识竞赛等活动，培养学生的集体意识和荣誉感，有效地提高学生的文化知识和人文素质；通过勤工助学、"一元生存体验"等活动，培养学生吃苦耐劳、自力更生的意志品质；通过暑期"三下乡"社会实践和各种公益活动，培养学生关注社会、关心他人的爱心和责任感；通过"任务驱动""项目导向"等教育方式，培养学生自主探索、互动合作的学习能力和创新能力。

实践育人活动能够帮助学生更好地掌握专业的理论知识和实践技能，让学生对于一些社会现象从感性认识上升到理性分析，在通过理性分析进

一步得到实践成果，最终帮助学生成为符合国家和社会需求的高素质、综合型人才。

（六）运用"赏识教育"，激发学生进取的内在动力

"赏识"的含义是对别人的才能有正确的认识，并能够及时给予称赞和表扬，最终调动对方的积极性，让对方产生心理和生理上的愉悦感。"赏识教育"又被称为鼓励教育，它的来源是教育学和心理学的理论，需要教师在教育的过程中遵守学生、信任学生、估计学生、宽容学生，积极地引导学生的创造力，将"以人为本、以生为本、以育为本"作为出发点，根据学生的心理成熟阶段，对于学生给予鼓励、信任、表扬式教育，帮助学生树立自信心，重新发挥自身的潜能，正确认识自己，对于人身观、价值观形成准确的认识。赏识教育允许学生失败、承认学生之间的个体差异，在教育过程中强调发掘学生的优点和潜能，不断增加学生的闪光点并加以强化，帮助学生树立积极向上的心态，激发学生的内动力，最终实现学生"内因"的逐渐强大，从而让"内因"这个决定性的因素起到促使学生产生"改变自己、超越自己"的作用。因此，当代的大学生十分需要也十分重视教师在教育过程中对自己的教养，在他们的内心之中，教育的赏识可能会成为他们最为强大的精神动力。所以，赏识教育在某种程度上而言是改变学生的教育方式，高校辅导员在教育的过程中，要能够熟练地运用赏识教育，不断挖掘学生的闪光点，对其进行强化，培养学生的自信息，充分发挥出学生的潜能。

赏识教育对于教师与学生之间的互动还有促进作用。高校辅导员一旦对学生产生赏识，就能够让学生产生自信，更有利于学生今后的学习和发展；相对的，学生的良好发展又可以反作用于辅导员，让高校辅导员对工作产生自信，从而使得辅导员更加热爱工作。学生在经过良好的发展之后，会更加信任和喜欢辅导员，从而会积极配合辅导员的工作，维护良好的校园环境。良性的师生互动有利于高校学生自觉、自愿地接受辅导员的教育和引导，从而增强教育的有效性。

总之，高校辅导员要有美学家的眼睛，善于从平凡乃至丑陋中发现美好，还要有哲学家的头脑，能辩证地看待学生及其行为，并得出正确的一分为二的结论，从而在赏识教育中尊重个性，因材施教。

三、与时俱进、转变观念

随着时代的发展、社会的进步和全球化的深入，我国的高等教育在经过一系列的改革和优化之后，已经进入到一个全新的时期。在这个时期，高校辅导员需要对时代的特征有精准的掌握，能够保证自己站在时代的前端，坚持马克思主义思想，追求实事求是、解放思想和开拓进取的精神，在不断地探索之中找到发展的新方向。在当前，高校辅导员的工作也面临着许多新的问题，如社会发展需求的变化、高校教育不断发展对于辅导员提出的新要求、当代大学生的复杂性、大学生的发展和就业问题等，这些问题都需要高校辅导员秉持与时俱进的原则去看待和解决。

（一）由事务型向学习型转变

高校辅导员既是教育者，但是也是学习者、受教育者。因为辅导员需要处理繁杂的学生日常事务工作，导致辅导员往往没有充足的时间去进行辅导员专业的学习和研究，很可能会导致辅导员无法跟上时代的发展，在工作之中出现力不从心的情况。

2010 年 1 月，贺国强同志在中央纪委监察部机关 2010 年度竞争上岗任职人员集体谈话会的讲话《年轻干部要修身、勤学、敬业、自律》中指出："学习是提高素质、增长才干的重要途径，也是做好工作、干好事业的重要基础。"所以，高校辅导员想要必须保障工作上的优异表现就需要不断进行学习。例如，不断学习和研究教育学、心理学、管理学、社会学等学科，弥补自身理论知识和专业方面的不足。一方面，还需要深入研究与"高校教育"相关的理论知识和实践技能，如学习高校教育发展史、高校教育理念、国家所制定和颁布的有关高校教育改革、优化的政策和制度，深入掌握高校教育的发展趋势和教育内涵，能够在工作中中有自己的主见，站在发展的角度看待辅导员工作；另一方面，辅导员还需要积极参与高校所组织的各种企业实践活动之中，从而将专业知识与实践相结合，以便于以及学生更加全面和针对性的建议；最后，辅导员还需要不断充实自身的，要能够利用闲暇时间涉猎其他学科的知识，如历史、文学、互联网等学科。

此外，高校辅导员在学生的过程中还需要秉持两个学习理念——"终身学习"和"学习工作化、工作学习化"。终身学习理念目前已经在全球范围内得到教育者的广泛应用，这种学习理念与当前的社会发展和社会发展需求十分契合，学习已经成为每一个人日常生活中的一部分。伴随社会的发展、时代的进步，全球化经济的逐渐深入使得学生的认知水平也在不断提升，这就要求高校辅导员必须不断学习、研究，以满足学生日新月异的认知需求，要能够在教育活动之中不断注入新鲜的生机，让学生能够感受到学习的乐趣。高校辅导员要秉持"活到老，学到老"的精神，使学习成为自己的一种习惯，不断提升自己的综合素质和专业能力；学习工作化、工作学习化指的是高校辅导员在繁忙的工作之中也不能忘记不断学习，但是也不能因为学习而忽略了工作，要使二者能够相辅相成、和谐统一。当前已经进入到知识经济的时代，如果辅导员只知道工作而忽略了学习，只能是不断循环重复地工作、按部就班地完成教育目标。但是如果太过重视学习而脱离了工作，那就学习也只能是空洞的研究，无法结合实际。所以，高校辅导员需要将学习当成工作，把学习和工作放在同样的位置上，正确认识到学习是为了能够更好地展开工作。辅导员需要将工作看待成一种学习，将工作作为一项课题研究，将两者有机结合在一起才能够做到"学中干，干中学"，才能够不断提升自身的能力。

（二）由经验型向研究型转变

以往的传统辅导员在工作时是以经验为依据，这种工作方式固然可取之处，但是并不是所有的经验都是科学的，也无法适应新的教育需求。当代的高校辅导员面临着学校的德育工作存在着社会价值多元化和学校德育工作一元化之间的矛盾，新时期媒体的多种传播方式与德育呆板的传播方法之间的巨大差距。所以，高校辅导员在新时期需要能够将上述的矛盾和差距进行妥善处理，运用科学、合理、有效的手段缩小时代发展带来的差距。高校辅导员要能够满足运用科学的管理方式和现代的教育思想处理工作中出现的种种问题，并对相关问题展开研究，要能够找到问题的根源，找到解决问题的方法，在工作之中不断总结和研究，最终得到研究成果，提升自身的专业水平和综合能力。另外，高校辅导员在研究相关问题的同时也能够提升自身的能力，更是高校辅导员专业化、职业化发展的重要途径。

（三）由封闭型向开放型转变

以往的传统辅导员会将自己所管理的班级看待成一个固定的单元，从而把学生管理在一定的范围之内，使得学生与社会之间存在着一道高墙，将学生与社会隔离开，同时也将自己与学生在潜意识之中分割开来。但是现代高校教育经过不断发展和改革，是不存在围墙的开放式高校，学生在高校之中也不仅仅局限于校园生活，学生的思想、行为不再只收到高校教育的影响，他们与社会之间存在着紧密的联系，同时学生也渴望与社会进行更加频繁的交互。伴随全球经济化的深入，社会信息化水平越来越高，传统的封闭式教育已不能满足现代大学教育的需要。因此，高校辅导员需要跟上时代发展的步伐，勇于突破传统观念的束缚。一方面，要把学生教育扩大到全社会，充分发挥家庭和社会的教育功能，增强教育的力量，而不是一个人"孤军奋战"；另一方面，要适当突破与学生的界限，多做学生的倾听者和关爱者，树立平等互助的德育理念，这也是赢得学生爱、获得工作成就感的重要途径。

（四）由职业型向事业型转变

"职业"指的是人们为了生存在社会中所从事的工作，其主要目的是获得生活所需的必需品。"事业"指的是人们从事有具体目的、一定规模和形成系统，并且对社会发展有意义的经常性活动，事业的重点在于人们对于所从事活动的价值和意义有强烈的认同感。"职业"的成就感往往来源于物质层面，而"事业"的成就感则主要来源于精神层面。高校辅导员是大学生在校园生活中的引导人、教育者和平等交流的朋友，不仅是大学生的人生导师，更是引导大学生走向社会的关键。所以，高校辅导员的工作并不是只是一种职业，更是一项伟大的事业。高校辅导员只有将辅导员从职业转变成事业，才能够在工作中不断发展，找到工作激情，并且正确认识辅导员的价值。

参考文献

[1] 刘贵芹. 高校辅导员工作手册 [M]. 北京：中国知识出版社，2009.

[2] 叶玉清. 大学生团体辅导的理论与实践 [M]. 北京：教育科学出版社，2007.

[3] 叶玉清. 大学新生心理状况调查与分析 [M]. 北京：知识产权出版社，2001.

[4] 叶玉清. 大学生入学适应状况调查与分析 [M]. 北京：当代世界出版社，2002.

[5] 尹忠恺，等. 高校学生工作导论 [M]. 沈阳：东北大学出版社，2013：145—162.

[6] 尹忠恺，肖文学. 大学生心理健康教育 [M]. 北京：清华大学出版社，2012：20-32.

[7] 刘川生，大学生日常思想政治教育实效性研究 [M]. 北京：北京师范大学出版社，2009：

[8] 郭念锋. 心理咨询师基础知识 [M]. 北京：民族出版社，2005：284-286.

[9] 冯培. 中国高校学生事务管理模式创新 [M]. 北京：中国人民大学出版社，2009.

[10] 王秀彦，高春娣. 高校学生事务管理概论 [M]. 北京：高等教育出版社，2009.

[10] 曲振国. 大学生就业指导与职业生涯规划 [M]. 北京：清华大学出版社，2008.

[11] 许玫. 大学生如何进行生涯规划 [M]. 上海：复旦大学出版社，2006.

［12］彭萍. 未来的金钥匙：生涯规划［M］. 北京：高等教育出版社，2008：8—13.

［13］黄希庭. 大学生心理学［M］. 上海：上海人民出版社，2002：31—40.

［14］刘建林. 一个理念，十个平台：高校学生工作创新体系研究［M］. 西安：西北农林科技大学出版社，2009.

［15］张成山. 新编大学生心理健康［M］. 北京：清华大学出版社，2010：1—19.

［16］郑日昌. 大学生心理健康［M］. 上海：华东师范大学出版社，2009：1-20.

［17］张大均. 大学生心理健康教育［M］. 北京：科学出版社，2010：1—19.

［18］袁芳. 学生事务管理与学生发展指导［D］. 济南：山东大学，2011.

［19］谢青. 香港高校学生事务管理研究［D］. 上海：上海师范大学，2008.

［20］樊金玲. 马克思主义关于人的全面发展理论与大学生的成长［D］. 石家庄：河北科技大学，2011.

［21］黄德亮. 山东普通高校学生公寓管理模式的研究［D］. 济南：山东师范大学，2010.

［22］马欣. 高校学生公寓管理与育人阵地建设［D］. 太原：中北大学，2011.

［23］薛飞. 高校校园危机的教育体系干预研究［D］. 太原：中北大学，2012.

［24］叶澜. 教育研究方法论初探［M］. 上海：上海教育出版社，2014.

［25］许树柏. 层次分析法原理：实用决策法［M］. 天津：天津大学出版社，1988.

［26］陈向明. 质的研究方法与社会科学研究［M］. 北京：教育科学出版社，2000.

［27］谭跃进. 定量分析方法［M］. 北京：中国人民大学出版

社，2002。

　　[28] 翁铁慧. 高校学生辅导员行动指引 [M]. 上海：中国福利会出版社，2004.

　　[29] 靳玉乐，李森. 现代教育学 [M]. 成都：四川教育出版社，2005.

　　[30] 杨振斌，冯刚. 高等学校辅导员培训教程 [M]. 北京：高等教育出版社，2006.